April

In diesem Monat ist Hochkonjunktur im Kräutergarten. Auf den Beeten können nun **Borretsch, Dill, Kresse, Kerbel, Rucola, Ringelblumen, Kamille** und **Petersilie** ausgesät werden.
Auf der Fensterbank und im Gewächshaus wachsen **Basilikum, Majoran** und südländische Staudenkräuter heran. Die jungen Pflänzchen müssen vereinzelt und in größere Töpfe umgesetzt werden. Auch für neue Aussaaten dieser wärmebedürftigen Kräuter ist immer noch Zeit. Wichtig: regelmäßig gießen und lüften!
Die Kräuter im Winterquartier brauchen jetzt Licht, Wärme und mehr Wasser, damit sie kräftig austreiben können.
Draußen können Sie in diesem Monat vorgezogene Stauden von **Zitronenmelisse, Estragon, Agastache, Beifuß, Liebstöckel, Johanniskraut, Pfefferminze, Baldrian** und **Oregano** pflanzen. Ältere Pflanzen von **Lavendel, Salbei, Eberraute, Ysop** und **Thymian** werden behutsam zurückgeschnitten.
Ernten Sie die ersten **Bärlauch**blätter! Auch **Schnittlauch, Sauerampfer, Pimpinelle** und **Winterheckezwiebel** haben ausgetrieben. Im Frühbeet wachsen **Borretsch, Dill** und **Kresse** für die erste frische Ernte heran.

Mai

Ab Mitte Mai können auch alle frostempfindlichen Kräuter ins Freiland umziehen. Säen Sie jetzt auf den Beeten oder in Kästen noch **Bohnenkraut, Majoran, Dill** und **Kapuzinerkresse** aus. Alle Staudenkräuter – selbst vorgezogene oder gekaufte – werden in diesem Monat auf Beete oder in große Töpfen ausgepflanzt. Ideal ist die Zeit für **Lavendel, Salbei, Ysop, Agastache, Eberraute** und **Thymian**. An heißen Tagen müssen Sie ausreichend gießen! Die jungen Pflanzen sind noch nicht angewachsen, die Wurzeln trocknen leicht aus – vor allem in Töpfen!
Nach dem 20. Mai dürfen auch die **Duftblattgeranien** und der **Rosmarin** endlich wieder an die frische Luft. Stellen Sie die Töpfe nicht sofort in die grelle Sonne – die Pflanzen brauchen Zeit zum Umgewöhnen. **Basilikum** halten Sie besser in großen Töpfen oder Kästen, dann können Sie es bei nasskalter Witterung an einen geschützten Platz stellen.
Noch gibt es frischen **Bärlauch** – ernten Sie, bevor die Blüte einsetzt! **Schnittlauch, Sauerampfer, Pimpinelle, Winterheckezwiebel, Borretsch, Kresse** und **Kerbel** wachsen schon üppig. Auch erste **Estragon**triebe bieten köstliche Würze an.

Juni

Im Frühsommer strahlt der Kräutergarten in üppiger, duftender Fülle. Säen Sie auf den Beeten oder auch in Gefäßen noch einmal **Rucola, Dill, Bohnenkraut** oder **Borretsch** aus. Pflegearbeiten wie wässern, Boden lockern, jäten und binden stehen auf dem Programm. Vor allem hochwachsende Kräuter wie **Estragon, Fenchel, Liebstöckel** und **Melisse** brauchen rechtzeitig »Unterstützung«. Schneiden Sie die Blütentriebe des **Sauerampfers** heraus. Ständig können Sie jetzt frische würzige Blätter von **Basilikum, Zitronenmelisse, Estragon, Rucola, Borretsch, Minzen, Salbei, Eberraute, Ysop** und vielen anderen für die Küche ernten.
Bevor die Blüte einsetzt, ernten Sie junge **Salbei**triebe und **Thymian**zweige zum Trocknen. Duftende **Lavendel**sträußchen schneiden Sie am besten, wenn die Blütenähren sich gerade öffnen. Gegen Ende des Monats beginnt das **Johanniskraut** zu blühen. Blühende **Schnittlauch**stauden werden zurückgeschnitten, damit die Pflanzen wieder frisch austreiben.

Der kleine
Bio-Kräutergarten

Gestalten | Bepflanzen | Verwerten   MARIE-LUISE KREUTER

Einführung

NICHTS GEHT OHNE KRÄUTER

Kräuter sind Welteroberer. Es gibt kein Land auf der Erde, das sie nicht besiedelt haben im Laufe einer langen Entwicklung. Sie wachsen klein und bescheiden zu Füßen von Bäumen und Sträuchern; sie entfalten sich stattlich mit leuchtenden Blüten an freien, sonnigen Plätzen. Die einen lieben das gesellige Miteinander, die anderen bevorzugen einsame Plätze für ein individuelles Leben.

Alle Kräuter sammeln wertvolle Stoffe, die sie in ihren Blättern, Blüten, Samen oder Wurzeln speichern. Ganz gleich, ob sie in heißen Steppen, in tropisch-schwülen Urwäldern oder auf frischen Wiesen im gemäßigten Klima Mitteleuropas wachsen – Kräuter sind Spezialisten für heilende Kräfte, aromatische Würze und wunderbare Düfte. Auf jedem Kontinent, in jeder Landschaft gedeihen besondere Kräuter, angepasst an die Boden-, Wasser- und Klimaverhältnisse.

Aus der Fülle ins Abseits

Zu allen Zeiten haben die Menschen überall auf der Welt die Kräfte der Kräuter genutzt. Jahrtausendelang war die Kenntnis der grünen Apotheke vor allem wichtig für die Gesundheit und das Überleben in einer oft feindlichen Umwelt. Bei Menschen, die noch eng mit der Natur zusammenlebten, waren kräuterkundige Frauen oder Männer immer hoch angesehen. Erst sehr spät in der Entwicklung drängte eine hochtechnisierte Wissenschaft den reichen Erfahrungsschatz der Pflanzenheilkunde ins Abseits. Auch in der Küche und im Garten schrumpfte die Vielfalt der aromatischen Möglichkeiten zusammen auf ein Häufchen Schnittlauch und Petersilie. Welch ein Jammer! Fertigprodukte überschwemmten den Markt – es gab viel Essen für wenig Geld und noch weniger Mühe. War das wirklich das Paradies auf Erden? Oder fehlte nicht trotz allen Überflusses etwas Wichtiges? Blieb eine heimliche Erinnerung an sanfte, natürliche Wohltaten? Eine Sehnsucht nach unverwechselbarer Würze, die in keiner Dose zu finden war? So kam, was eines Tages kommen musste:

Die duftende Renaissance der Kräuter

Still aber wirkungsvoll tauchten sie plötzlich wieder überall auf. Lavendelbüsche verströmten ihren betörenden Wohlge-

■ **Links:** Setzen Sie sich mitten hinein in die würzige Herrlichkeit der Kräuter – so können Sie die wunderbaren Düfte intensiv genießen! Gefäße mit Lavendel, Thymian und Salbei lassen sich nahe an Ihren Lieblingsplatz rücken.
■ **Oben:** Wie ein Traum aus alten Zeiten wirkt dieser Kräutergarten mit seinen buchsbaumumrandeten Beeten. Gemüse und schützende Hecken rahmen ihn ein.

ruch zwischen den wiederentdeckten Rosen aus alten Zeiten. Rosmarin und Basilikum dufteten aus Küchen, in denen wieder fantasievoll gekocht wurde. Wohltuende Kräutertees wurden nicht mehr belächelt, sondern hoch geschätzt. Die guten alten Kräuter sind wieder da – vielfältiger denn je, vermehrt durch ungeahnte Schätze aus aller Welt. Wie konnte es zu diesem friedlich-erfreulichen Siegeszug kommen?

Reiseerinnerungen aus aller Welt

In früheren Jahrhunderten brachten Weltreisende und die Entdecker ferner Kontinente von ihren beschwerlichen Reisen Pflanzen als lebendige Kostbarkeiten heim ins alte Europa. Auch Mönche, die neue Klöster in fremden Ländern gründeten, hatten Heilkräuter, die sie besonders schätzten, im Reisegepäck. So gelangten neben türkischen Tulpen, chinesischen Pfingstrosen und südamerikanischen Dahlien auch zahlreiche Kräuter schon früh in unsere Gärten. Salbei, Ysop, Lavendel, Eberraute und viele andere Heil- und Würzpflanzen wurden gehegt und gepflegt. Sie waren begehrt als Medizin, man nutzte sie aber auch auf vielfältige Weise in der Küche oder als Schönheitsmittel.

Heute ist das Reisen unvergleichlich bequemer geworden. In kurzer Zeit gelangen unzählige Menschen in alle Länder der Erde. Sicherlich hat die Begegnung mit den Köstlichkeiten fremder Küchen manche Reisende dazu verlockt, mehr als nur die Erinnerung mit nach Hause

zu nehmen. Zu den Rezepten gehören aber unabdingbar auch die passenden Kräuter! Wer sonst sollte für den hinreißenden Geschmack von Lammkoteletts à la Provençe oder Tessiner Gnocchi mit Salbeibutter sorgen?

Da unter den Reisenden auch viele Freizeitgärtner unterwegs sind, wuchs beim Blick über südländische Gartenzäune auch die Sehnsucht, so manche duftende Kostbarkeit als Souvenir mit auf die Heimreise zu nehmen. So gelangten neben dem begehrten Oleander auch Stecklinge von Lavendel, Rosmarin, Lorbeer oder Zitronenverbene in den heimischen Garten oder auf die Sonnenterrasse.

■ In den Innenhöfen südlicher Länder gedeihen Küchenkräuter oft in Töpfen und werden dort liebevoll gehegt und gepflegt.

Die Zeit war reif, die wunderbare Vielfalt der Kräuter wieder zu entdecken und überall im täglichen Leben aufs Neue zu nutzen.

Kräuter im Garten

Zur Rückkehr der Kräutervielfalt in den Garten hat sicherlich auch die allgemeine Anerkennung und Ausbreitung der naturgemäßen Anbaumethoden beigetragen. Wie früher in den alten Bauerngärten, so sind heute auch im modernen Biogarten die Kräuter ein ganz wesentlicher Bestandteil der abwechslungsreichen Mischkulturen. Stark duftende Kräuter spielen eine wichtige Rolle bei der natürlichen Abwehr von Krankheiten und Schädlingen. So gehört ganz selbstverständlich das würzige Bohnenkraut zu den Buschbohnen und der frische Wohlgeruch des Lavendels zwischen die Rosensträucher.

Viele Kräuter locken außerdem mit ihren Blüten Bienen und andere nützliche Insekten an. Sie tragen so zur Vielfalt der Lebewesen im Garten und zum Schutz gefährdeter Arten bei.

Mit dem wachsenden Interesse an Kräutern erwachte bei vielen Menschen auch wieder der Wunsch ein eigenes Gewürz- oder Heilpflanzengärtchen anzulegen. Kloster- oder Apotheken-Gärten am Reiseweg mögen dazu ebenso beigetragen haben wie reizvolle Bücher und aufblühende Spezialgärtnereien mit verlockenden Sortimenten.

Die Zeit war reif und die Auswahl so groß wie nie zuvor. Vor allem die duftenden Schätze aus sonnenverwöhnten Heimatländern eigneten sich hervorragend für die Kultur in Töpfen und Kästen. In kurzer Zeit eroberten sich asiatische Basilikum-Arten, Lavendelzüchtungen aus der Provence und mittelamerikanische Salbei-Spezialitäten auch Balkone und Terrassen. So wurden die Kräuter auf einer Welle neu erwachter Begeisterung wieder in die Gärten getragen. Gleichzeitig fanden sie aber auch eine unverhoffte Heimat in den Städten, wo sie auf kleinsten Raum in Terrakottagefäßen und Balkonkästen den Zauber ihrer Düfte und Aromen entfalten konnten.

■ Die würzige Vielfalt, die ein eigenes Kräutergärtchen bietet, kann man nirgendwo kaufen.

Kräuter in der Küche

Manche würzige Spezialität wie Basilikum oder Rucola kann man heute schon auf dem Markt erstehen. Aber der Reichtum eigener Kräuter, frisch im Garten oder auf der sonnigen Terrasse geerntet, ist mit nichts zu vergleichen! Auch wer im Urlaub erlebt, wie der Koch in der Toscana rasch ein paar Rosmarinzweige oder frische Lorbeerblätter pflückt und damit in der Küche verschwindet, der weiß, dass das köstliche Gericht, das anschließend serviert wird, seine unnachahmliche Komposition solchen Zutaten verdankt.

■ Sommerfreuden – verlockend und aromatisch: sonnenreife Tomaten und frisch gepflücktes Basilikum.

Auch in heimischen Restaurants wird die Kräuterküche wieder hoch geschätzt. So bringen viele Menschen anregende Erfahrungen mit nach Hause, die sie dann auch selber ausprobieren möchten.

Kräuter im Bad

Dass schöne Römerinnen einst in Rosenblüten und kostbaren Kräuteressenzen badeten, hat sich inzwischen herumgesprochen. Die wohltuenden Wirkungen natürlicher Schönheitsmittel sind wieder begehrt. Vieles kann man heute kaufen. Wer aber aus der duftenden Vielfalt eines eigenen Kräutergärtchens schöpfen kann, den mag es auch verlocken, einen entspannenden Badezusatz oder ein anregendes Massageöl aus frischen Zutaten selbst herzustellen. Nur aus den Schätzen der Natur gewonnen, erlebt man damit unvergleichliche Wohltaten für Körper und Seele. Und schließlich – welcher synthetische Duft könnte es mit den klaren, unvergleichlichen Wohlgerüchen aus Blüten und Kräutern aufnehmen?

Kräuter in der Hausapotheke

Mit der Rückkehr der Kräuter in unsere Gärten und Küchen ging auch ihre neue Wertschätzung als Heilpflanzen Hand in Hand. Trotz der unbestreitbaren Fortschritte in der modernen Medizin ist eine durchaus gesunde Distanz entstanden zu der Einstellung, dass man gegen jedes Wehwehchen Pillen schlucken müsse. Das Vertrauen in die natürlichen Heilkräfte der Kräuter ist wieder gewachsen. Homöopathische und ayurvedische Medizin wird von vielen Menschen geschätzt. Warum sollte man die inzwischen auch wissenschaftlich anerkannten Wirkstoffe der Kräuter nicht überall dort nutzen, wo dies sinnvoll und möglich ist? Wer die richtigen Heilpflanzen im Garten anbaut, der kann jederzeit einen Tee gegen Erkältungen oder Magenverstimmungen aufbrühen.

Angesichts der Renaissance der Kräuter und ihrer Verwendung in vielen Bereichen des Alltags bleibt für immer mehr Menschen nur die Schlussfolgerung: Ein Leben ohne Kräuter? Unmöglich!

■ Direkt vor der Küchentür wachsen Salbei, Mutterkraut, Johanniskraut und andere Kräuter in Hülle und Fülle.

■ Ringelblumen gehören in jeden Kräutergarten. Sie blühen auch im Topf.

KRÄUTER FÜR ALLE FÄLLE

Ganz ohne Hexerei: Kräuterzauber für jeden Garten

Jeder, der Lust auf Kräuter hat, kann sich diesen Wunsch im eigenen Garten erfüllen. Selbst in einem kleinen Innenhof, auf einer Terrasse oder auf einem Balkon gedeiht eine Auswahl aus dem umfangreichen Duft- und Würzsortiment. Wichtig ist aber, die richtigen Kräuter für den richtigen Platz auszuwählen, damit sie gut gedeihen und möglichst intensive Aromastoffe entwickeln. Lernen Sie also die abwechslungsreiche Welt der Kräuter zunächst einmal näher kennen, damit Sie dann die beste Wahl treffen können.

Kräuter aus südlichen Ländern

Zahlreiche Würz- und Heilpflanzen wanderten schon vor Jahrhunderten aus den warmen Ländern rund um das Mittelmeer in unsere kühleren Landschaften ein. Vor allem Mönche brachten sie aus ihrer Heimat jenseits der Alpen mit. In ihrem Reisegepäck befanden sich viele beliebte und begehrte Kräuter, zum Beispiel Lavendel, Salbei, Thymian, Rosmarin, Oregano und Lorbeer. Sie wurden bereits in den Klostergärten des Mittelalters angebaut, sind gut akklimatisiert und haben keine Schwierigkeiten, in unserem kühleren und vor allem feuchteren Klima zu wachsen. Dennoch gedeihen diese Südländer am besten, wenn sie an möglichst sonnigen Plätzen wachsen dürfen. Sie brauchen viel Licht und möglichst viel Wärme. Ganz wichtig ist auch ein eher magerer Standort mit gutem Wasserabzug. Nasse, schwere Böden und stark treibende Dünger bekommen Lavendel, Salbei und anderen Mittelmeerkräutern schlecht.

Manche Duft- und Würzgewächse aus warmen Ländern haben einen noch weiteren Weg zurückgelegt, bevor sie in

■ Zitrusduft liegt in der Luft: Zitronengras, Zitronenverbene, Zitronenthymian und Zitronengeranien entfalten ganz unterschiedliche Variationen des gleichen Aromas. Das Ausprobieren bereitet viel Vergnügen.

unseren Gärten Wurzeln schlugen. Das wunderbar aromatische Basilikum ist ursprünglich im tropischen Vorderindien zu Hause. Von dort wanderte es schon früh in die Mittelmeerländer. Bereits im 12. Jahrhundert gelangte es über die Alpen und wurde auch in Mitteleuropa bekannt und beliebt. Die »feurige« Kapuzinerkresse kam aus Südamerika zu uns, der herrlich würzige Estragon legte den langen Weg aus Asien zurück, und aus Vorderasien wanderten Melisse und Ysop ein.

Sie sehen, die Zahl der Sonnenkinder unter den Kräutern ist groß. Achten Sie deshalb immer bei der Auswahl auf die Hinweise für Licht und Wärme in den Porträts (ab Seite 73). Wenn Sie den

Einwanderern aus dem Süden die Lebensbedingungen schaffen, die sie lieben, dann werden sie freudig wachsen und Ihnen würzige Ernten schenken.

Manche dieser Sonnenkinder sind in unserem Klima nicht winterhart. Sie benötigen in der kalten Jahreszeit einen geschützten, frostfreien Raum. Ihre Ansprüche ähneln also denen von Oleander oder Engelstrompete, die genau wie sie aus warmen Heimatländern stammen. In einem Gewächshaus oder einem kühlen Treppenhaus können sie bis zum nächsten Frühling überleben. Mehr über die Lebensbedingungen im Winter erfahren Sie im Kapitel »Pflegen im Sommer« auf Seite 46 – »Schützen im Winter« auf Seite 48.

Heimische Kräuter – robust und unproblematisch

Kräuter, die seit jeher in den Ländern nördlich der Alpen zu Hause sind, haben sich natürlich besonders gut an diesen Lebensraum angepasst. Sie haben normalerweise keine Probleme mit verregneten Sommern oder langen Wintermonaten mit strengem Frost. Auch die Ansprüche an Licht und Wärme sind naturgemäß geringer als bei den Mittelmeerkräutern.

Heimische Kräuter gedeihen oft im lichten Halbschatten. Sehr dunkle Standorte, in die nur selten ein Sonnenstrahl eindringt, sind aber auch für robustere Wald- und Wiesenkräuter ungeeignet. Das Sonnenlicht ist wesentlich an der Entwicklung der wertvollen Inhaltsstoffe beteiligt und deshalb unentbehrlich für das gesunde, kraftvolle Gedeihen aller Kräuter. Zu den heimischen Würz- und Heilpflanzen gehören zum Beispiel Baldrian, Bärlauch, Beifuß, Johanniskraut, Kümmel, wilde Pfefferminz-Arten, Pimpinelle, Sauerampfer und Schnittlauch.

Aber auch diese altvertrauten Kräuter Mitteleuropas gedeihen nicht alle unter gleichen Bedingungen. Baldrian, Kümmel, Sauerampfer und wilde Pfefferminze lieben an ihren natürlichen Standorten feuchte Böden. Sie wachsen auf frischen Wiesen oder am Bachrand. Beifuß bevorzugt dagegen trockene, sonnige Plätze. Er ist genügsam und breitet sich an Wegrändern, auf Schotterplätzen oder steinigen Flächen aus.

■ Hier ist das südländische Ambiente perfekt: Prachtvoll hat sich der Salbeistrauch in einem großen Terrakottatopf entwickelt. In der Sonne entfaltet er sein volles Aroma.

■ Der heimische Bärlauch mit seiner köstlichen Knoblauchwürze darf in keinem Kräutergarten fehlen! Vor dem Erntekorb liegen schon Ableger zum Pflanzen bereit.

Das heilkräftige Johanniskraut wächst noch an vielen Stellen wild. Es liebt sonnige Wiesenränder, wo es seinen Lebensraum mit Margeriten, wilden Skabiosen und Glockenblumen teilt. Bärlauch, der sich zum begehrten Feinschmeckerkraut entwickelt hat, breitet sich in manchen Gegenden noch als weiß-grüner Teppich unter hohen Buchen aus. Er liebt den lichten Schatten.

Wenn Sie diese Kräuter in Ihren Garten holen möchten, sollten Sie auf solche unterschiedlichen Lebensgewohnheiten achten. Die würzigen Pflanzen werden es Ihnen danken und sich üppig ausbreiten. Sie fühlen sich dann wohl und heimisch, weil sie im Garten ähnliche Lebensbedingungen vorfinden wie an ihren natürlichen Standorten. Der knoblauchartig duftende Bärlauch wächst zum

Beispiel im lichten Schatten von Haselnusssträuchern oder Hecken viel besser als auf einem Beet mitten im sonnigen Kräutergärtchen! Das Johanniskraut fühlt sich dagegen auch am Rand eines Blumenbeetes wohl. Wer nur wenig Platz im Garten hat, der kann diese wertvolle Heilpflanze mit den leuchtend gelben Blüten auch zwischen sonnenliebenden Stauden und Sommerblumen ansiedeln.

■ Kraftvoll und unproblematisch gedeihen die Kräuter, die sich auf diesem Beet zusammengefunden haben: Zitronenmelisse, Borretsch, Agastache und Estragon.

Duftkräuter in Töpfen

Neben den klassischen Gewürz- und Heilkräutern gewinnen Duftpflanzen immer mehr Freunde. Die Blüten oder auch die Blätter dieser Gewächse verströmen herrliche Wohlgerüche. Solche Spezialitäten kommen aus allen Kontinenten der Erde. Die Sammler unter den Kräutergärtnern erliegen ihrem Zauber reihenweise. Sie können gar nicht genug bekommen von den verschiedenartigen Zitronen-, Schokolade- oder Minzendüften. Zu solchen Herrlichkeiten gehören zum Beispiel Zitronenthymian, Schokominze oder Pfefferminzgeranie. Natürlich steigen auch im ganz normalen Kräutergarten die wunderbarsten Duftwolken auf: Lavendel, Salbei, Eberraute, Bohnenkraut und Oregano verströmen intensive Aromen.

Viele dieser duftenden Schätze können ohne weiteres in Töpfen und Kästen gehalten werden. So öffnet sich die Tür zum Kräuter- und Duftparadies auch für Balkon- und Hinterhofgärtner. Berufstätige, die nur wenig Zeit haben, können am Feierabend die Freuden eines duftenden Topfgärtchens genießen. Und Anfänger, die gerade vorsichtig die ersten Schritte in die wunderbare Welt der Kräuter wagen, finden im mobilen Kräuterbeet ein erstes Experimentierfeld. Die Pflege der Kräuter in verschiedenen Gefäßen ist nicht schwierig, aber sie unterscheidet sich teilweise von der Kräutergärtnerei im Freiland. Worauf Sie besonders achten müssen, erfahren Sie im Kapitel »Kräuter auf Balkon und Terrasse« Seite 43.

Für jede Situation gibt es die passenden Kräuter

Wichtig ist, dass Sie die Kräuter so auswählen, dass sie zur Situation Ihres Gartens oder Ihres Balkons gut passen. Wenn Sie also für eine sehr sonnige Terrasse ein Sortiment südländischer Kräuter zusammenstellen, dann ist dies schon der erste richtige Schritt in Richtung Kräutergartenglück. Lavendel, Salbei, Zitronenmelisse und Basilikum werden sich an einem solchen Platz sicher gut entwickeln. Dass auch liebevolle Pflege dazugehört, ist eigentlich selbstverständlich. Das gleiche gilt natürlich auch für Kräuter auf einem sonnigen Balkon oder Gartenbeet.

Wer nur wenig Zeit hat, der sollte sich für möglichst anspruchslose Kräuter ent-

■ Zahlreiche Kräuter wachsen bereitwillig in Gefäßen. Hier haben Sie die Auswahl zwischen Lavendel, Schnittlauch, Salbei, Thymian, Estragon und Minze.

scheiden. Pfefferminze, Schnittlauch, Winterheckezwiebel, Sauerampfer und Rucola gedeihen problemlos auch an halbschattigen Plätzen. Sie sind mit Morgen- oder Abendsonne zufrieden. Diese Kräuter stellen nur bescheidene Ansprüche und verschenken dennoch reiche Ernten.

Nur Mut! Es gibt für jeden Garten, für jeden Balkon und jede Terrasse die passenden Gewürz- oder Heilpflanzen. Wenn Sie erst das kleine Einmaleins der Kräutergärtnerei gelernt haben, wird sich der duftende Zauber dieser besonderen Pflanzen auch bei Ihnen entfalten – ganz ohne Hexerei.

■ Ein kleines sonniges Plätzchen auf der Terrasse reicht aus für eine Tomatenpflanze und Basilikum. Geranien, Heliotrop und Duftblattgeranien fühlen sich dort ebenso wohl.

■ Im sonnigen Mittelpunkt dieses reichhaltigen Kräutergärtchens gedeiht ein Lorbeerbäumchen im Topf.

KEIN VERWIRRSPIEL: WÜRZ-, HEIL- UND DUFTKRÄUTER

Wer sich gerade erst entschlossen hat, mit Kräutern zu gärtnern und zu würzen, der findet die verschiedenen Bezeichnungen vielleicht etwas verwirrend: Welches Kraut ist denn für die Küche geeignet? Welches gehört zu den Heil- und Teepflanzen? Gibt es vielleicht sogar Kräuter, die nur Wohlgerüche verbreiten und sonst gar nichts? Säuberliche Trennungen sind meist nicht im Sinne der Natur. Vernetzung ist ihr Überlebensprinzip. Alles ist im Grunde mit allem verbunden, und so entstehen die wunderbarsten Mischungen und Beziehungen. Auch bei den Kräutern ist dieses Prinzip der Vielfalt lebendig. Die meisten sind Würz- und Heilkräuter zugleich. Sehr oft

■ Auch die buntblättrigen Salbeisorten dienen als Würze und Heilkraut.

– aber nicht immer – kommt gewissermaßen als Sahnehäubchen eine unverkennbare Duftkomposition hinzu. Es kann also ein Dreiklang oder eine innige Zweisamkeit entstehen.

Allround-Talente und Spezialisten

Betrachten wir als klassisches Beispiel den Lavendel: Dieser kleine Strauch ist berühmt für seinen unvergleichlichen Duft. Lavendelblüten sind aber auch reich an heilkräftigen Substanzen. Sie wirken entkrampfend und beruhigend. Feinschmecker wissen das Kraut eben-

■ Rosmarin bietet alles: Duft, Würze und Heilkräfte. Apart überhängend wächst die Sorte ‚Capri'.

falls zu schätzen. Ein paar graugrüne Lavendelblätter dienen als apartes Gewürz zu Fleisch- und Fischgerichten. Dieses wunderschöne Gewächs aus dem Süden ist also gleichzeitig ein Würz-, Heil- und Duftkraut.

Selbst ein so »gewöhnliches« Küchenkraut wie die Petersilie hat auch Heilkräfte zu bieten. In seinen krausen Blättern sind Wasser treibende Stoffe verborgen, die die Nieren anregen. Eine »einzigartige« Ausnahme ist das Johanniskraut. Es ist eine der wichtigsten heimischen Heilpflanzen. Seine gelben Blüten sind aber weder zum Würzen geeignet noch verströmen sie einen besonderen Duft. Das Johanniskraut ist also ein »Spezialist« für den Apothekengarten.

Wenn Sie nur ein Küchengärtchen mit Gewürzkräutern anlegen möchten, dann bekommen Sie in der Regel eine Fülle heilkräftiger Wirkstoffe einfach mitgeliefert. Wer regelmäßig Salate, Gemüse oder Fleischgerichte mit frischen Kräutern verfeinert, der verbindet Genuss mit gesundem Leben. Welche Medizin könnte angenehmer sein?

Wenn Ihr Wunschtraum aber ein reichhaltiger Apothekengarten voller Heilpflanzen ist, dann muss Ihre Küche nicht darben. Zitronenmelisse, Pfefferminze, Oregano, Salbei und Thymian liefern Ihnen eine Fülle wertvoller Kräutertees, gleichzeitig dienen sie aber auch als Gewürze für die verschiedensten Gerichte. Wie auch immer Sie wählen – Würze, Heilkräfte und betörende Düfte mischen sich im Kräutergarten zu einem reichen Potpourri. Genießen Sie einfach die Fülle!

FUNDGRUBEN FÜR KRÄUTER

Alle Kräuter, die Sie in diesem Buch kennenlernen, sind auch »auffindbar«. Selbst für die verlockendsten Spezialitäten aus fernen Ländern gibt es sichere Bezugsquellen. Sie können also alle Ihre Wunschkräuter bekommen – manche ganz schnell an der nächsten Ecke, andere auf dem kleinen Umweg über eine Bestellung. In Gartencentern und auf Pflanzenmärkten wird heute bereits eine reiche Kräuterauswahl angeboten – vom buntblättrigen Salbei bis zum Französischen Estragon. Es lohnt sich also, in der näheren Umgebung auf die Suche zu gehen. Samen für ein-, zwei- und mehrjährige Kräuter bekommt man im örtlichen Fachhandel und in gut sortierten Versandkatalogen.

Ausgefallene Arten und Sorten finden Sie dagegen in Gärtnereien, die sich auf Kräuter spezialisiert haben. Sie brauchen sich nur die Kataloge zu besorgen, dann haben Sie die Qual der Wahl! Die wichtigsten Bezugsquellen finden Sie im Anhang (Seite 92). Aber seien Sie gewarnt – es besteht die Gefahr, dass Sie süchtig werden!

■ Eine kleine Spezialitätensammlung kann sich jeder Kräuterfan zulegen. Das Angebot ist verlockend groß.

Kräuter im Garten

KRÄUTER IN DER GARTENPRAXIS

Das Leben mit Kräutern im Garten ist nicht kompliziert. Die meisten stellen keine großen Ansprüche – aber ganz wunschlos glücklich sind sie natürlich auch nicht. Wenn Sie Ihren Würz- und Heilpflanzen die wenigen Bedingungen erfüllen, die sie stellen, dann werden sie gut gedeihen und Ihnen viele Jahre Freude bereiten.

Natürlich gehören auch im Kräutergarten die Grundkenntnisse des Säens, Pflanzens und Erntens zum unentbehrlich Know-how. Kommen Sie mit in die Gartenpraxis – dort macht das Lernen mehr Spaß als in theoretischen Exkursen!

Wählen Sie den günstigsten Standort

Bevor Sie einen Kräutergarten oder ein Kräuterbeet anlegen, sollten Sie Ihr Grundstück in aller Ruhe anschauen.

Wo ist der sonnigste Platz? Wo erfüllt der Boden die Ansprüche der Kräuter? Wo könnten Sie – zum Beispiel mit Trockenmauern – gute Bedingungen für Würzpflanzen aus südlichen Ländern schaffen?

Die Lage Ihres Gartens werden Sie nicht ändern können. Passen Sie also die Auswahl der Pflanzen an die vorhandenen Möglichkeiten an. Wenn Sie einen Garten in Süd- oder Südwestlage besitzen, dann können Sie alle sonnenhungrigen Kräuter anpflanzen. Sie haben die große Auswahl unter Salbei, Lavendel und Co. Für Kräuter, die feuchte Böden und leichte Halbschatten lieben, müssen Sie

■ Links: Der sternförmig angelegte, stimmungsvolle Kräutergarten bietet Platz für viele Gewürz- und Heilpflanzen.
■ Oben: Kräuter aus südlichen Ländern gedeihen sehr gut auf sonnig gelegenen Trockenmauern.

dann auf die Suche nach einem geeigneten Plätzchen gehen. Sicher werden Sie an irgendeiner Stelle einen Strauch finden, zu dessen Füßen Sie zum Beispiel Bärlauch ansiedeln können. Manches robuste heimische Kraut nimmt es mit der Sonnenmenge nicht so genau. Pfefferminze, Sauerampfer und Baldrian gedeihen auch auf sonnigen Beeten, wenn Sie für genügend Feuchtigkeit sorgen. Ein Mulchteppich, rund um die Pflanzen ausgebreitet, kann hier für naturgemäße Lebensbedingungen sorgen.

Liegt Ihr Garten überwiegend im Schatten, dann ist es klüger, alle südländischen Kräuter in Töpfe zu pflanzen. Sie können diesen mobilen Küchen- oder Teegarten dann leicht an den hellsten Platz Ihres Grundstücks bringen – zum Beispiel auf eine sonnige Terrasse oder vor eine warme Wand.

Handeln Sie niemals gegen die Natur. Wenn Sie wider besseres Wissen Lavendel oder Salbei im Schatten anpflanzen, dann ist der Misserfolg bereits vorprogrammiert. Die kleinen aromatischen Sträucher werden nur kümmerlich wachsen und in ihrer Not lange, weiche Triebe entwickeln, die anfällig für Krankheiten und Schädlinge sind. Dann werden am Ende beide unglücklich sein – der Gärtner und die Pflanzen. Da es immer genügend Möglichkeiten für eine gute Wahl gibt, können Sie sich und den Kräutern solche Enttäuschungen ersparen. Das Motto »Die richtige Pflanze am richtigen Platz« ist die beste Garantie für ein glückliches Gärtnerleben.

Der Boden – die Grundlage für gesundes Wachstum

Licht und Wärme sind kosmische Elemente, die Pflanzen mit lebensnotwendigen Energien versorgen. Der Gegenpol ist die Erde, in der alle Gewächse wurzeln. Im braunen Humus finden sie Wasser und Nährstoffe. Auch diese Substanzen sind unerlässlich für gesundes Wachstum.

Die Zusammensetzung der Böden ist aber sehr unterschiedlich. Im Gegensatz zu den Lichtverhältnissen auf Ihrem Grundstück können Sie die Beschaffenheit der Erde aber verändern und positiv beeinflussen. Ideal für die meisten Kräuter wäre ein sandiger Lehmboden mit mäßigem Nährstoffangebot und lockerem Untergrund. Hier kann das Wasser leicht abfließen, die Pflanzen leiden nicht unter Staunässe. Sie werden gut, aber nicht zu üppig ernährt und schießen nicht ins Kraut.

In den meisten Gärten wird der Boden allerdings von diesen Idealwerten abweichen. Dann müssen Sie versuchen, die Situation so weit wie möglich zu verbessern. Ein schwerer, lehmiger Boden wird zum Beispiel lockerer, wenn Sie genügend scharfen Sand, wie er im Bauhandel erhältlich ist, untermischen. Die Profigärtner nennen diese Methode »Abmagern«. Vor allem viele Kräuter aus dem Süden sind in ihrer Heimat an magere Standorte gewöhnt. Sie werden Ihnen diese Bodenverbesserung danken.

■ Der Bärlauch fühlt sich an halbschattigen Plätzen wohl. Nach der würzigen Blatternte ist auch die duftige Blüte ein Genuss.

Schutz vor nassen Füßen

Auf den Wasserabzug wirkt es sich günstig aus, wenn Sie eine tief wurzelnde Gründüngung aussäen, bevor die Beete bepflanzt werden. Hülsenfrüchte (Leguminosen) wie zum Beispiel Lupinen lockern schwere, verdichtete Böden mit ihren tief reichenden Wurzeln auf. Sie sorgen für Hohlräume, durch die das Wasser abfließen kann.

Wenn stauende Nässe durch schwierige Untergrundverhältnisse bedingt ist, die nicht beseitigt werden können, dann ist es klüger, für Kräuter erhöhte Beete mit guter Dränage anzulegen. So wird der Wurzelbereich vor Nässe und Fäulnis geschützt. Auch ein Steingarten oder ein Trockenmäuerchen bieten gute Bedingungen für Kräuter, die nasse Füße scheuen.

Auf Sand gebaut

Wo der Garten sehr sandigen, leichten Boden aufweist, besteht zwar keine Gefahr für die Wurzeln, weil Regenwasser gut abfließen kann, aber damit werden auch die Nährstoffe rasch weggespült. Versorgen Sie sehr sandige Böden regelmäßig mit Kompost. Damit verbessern Sie den Humusgehalt und das Nährstoffangebot. Außerdem ist es gut, wenn Sie die Erde immer mit einer Mulchschicht zudecken. Dann trocknet der leichte Boden nicht so schnell aus. Wenn sich das organische Material zersetzt, entsteht Humus, der den Boden lebendiger, nährstoffreicher und bindiger macht. Dadurch verbessern Sie kontinuierlich die Grundlage für gesundes Wachstum.

Dünger – aber bitte keine Überfütterung

Sie wissen inzwischen schon, dass die Nahrungsansprüche der meisten Kräuter eher gering sind. »Überfütterung« bringt keinen Nutzen. Die Pflanzen entwickeln bei einem übermäßigem Nahrungsangebot zwar üppiges Blattwachstum, aber der Gehalt an wertvollen Inhaltsstoffen nimmt ab. Das weiche, aufgeschwemmte Gewebe ist anfällig für Pilzinfektionen, Blattläuse und andere Schädlinge. Halten Sie sich – vor allem bei den Kräutern aus dem Süden – lieber an das Motto »weniger ist mehr«!

Normalerweise ist es ausreichend, wenn Sie die Beete im Frühling mit einer zwei

■ **Trockenmauern sind ideale Standorte für Salbei und Lavendel: mager und wasserdurchlässig!**

bis drei Zentimeter dicken Schicht aus reifem Kompost versorgen. Nur sehr kräftig wachsende Kräuter vertragen etwas Zusatznahrung. Streuen Sie zu Beginn der Wachstumszeit eine Hand voll Hornspäne um anspruchsvollere Pflanzen. Dieser langsam wirkende Dünger wird leicht in die Erde eingearbeitet und anschließend mit Kompost zugedeckt. Ein solcher Nahrungsvorrat reicht für den ganzen Sommer. Wo Pflanzen unter kargen Verhältnissen schneller hungern, können Sie noch mit einem Guss stark verdünnter Brennnesseljauche nachhelfen. Gießen Sie aber diese Brühe nie über die Blätter, sondern nur direkt im Wurzelbereich auf den Boden!

Solche Zusatznahrung vertragen zum Beispiel »Kraftprotze« wie der mächtige Liebstöckel und der Meerrettich. Aber auch Sauerampfer, Schnittlauch, Estragon und Pfefferminze sind manchmal für ein wenig »Futter« dankbar. Grundsätzlich gilt: Auf humus- und nährstoffreichen Böden muss weniger gedüngt werden als auf magerem Grund.

Kompost – die Goldgrube des Gartens

Es lohnt sich, auch im kleinsten Garten einen Kompostplatz anzulegen. Ein Holzsilo oder ein geschlossener Kunststoffbehälter benötigt nicht viel Platz. Hier können organische Abfälle aus Garten und Küche gesammelt und aufgeschichtet werden. Innerhalb von ein bis zwei Jahren wandelt sich alles in duftenden, braunen Humus um. Dies ist das beste und preiswerteste Bodenverbesserungsmittel für alle Gärten. Auch wenn Sie Erde für Ihre Töpfe und Kästen mischen, ist der eigene Humus die wertvollste Grundlage. Der Kompost ist also eine kleine Goldgrube, aus der Sie ständig den wichtigsten nachwachsenden Rohstoff für den Garten gewinnen: lebendige, nahrhafte Erde.

Prägen Sie sich für die Erzeugung von gutem **Kompost** diese **Grundregeln** ein:

- Die **organischen Abfälle** müssen zerkleinert und miteinander vermengt werden. Feuchtes, frisches Grünzeug und holzige Bestandteile bilden dann eine lockere **Mischung.** Das Kompostmaterial muss luftig aufgeschichtet werden, damit **Sauerstoff** zirkulieren kann.
- Ausgewogene **Feuchtigkeit** ist lebensnotwendig für die Umsetzungsprozesse. Zu viel Nässe verursacht Fäulnis.
- Schichten Sie das Material mindestens 50 bis 100 Zentimeter hoch auf, damit sich genügend **Wärme** entwickeln kann. Sie ist notwendig für einen harmonischen Ablauf der Rotte.

Wenn Sie diese Regeln beachten, haben Sie für alle Pflanzen im Garten – vor allem aber auch für Ihre Kräuter – die beste Lebens- und Nahrungsgrundlage immer vorrätig: hausgemachten Kompost.

GESUNDE KRÄUTER – GESUNDER GARTEN

Wo Kräuter ihrer Natur gemäß wachsen können, da sind sie nicht anfällig für Schädlinge und Krankheiten. Ein gesunder Boden und Kompost gehören zu den Grundlagen für gesundes Wachstum. Der richtige Standort und eine sinnvolle Pflanzenauswahl fördern ebenfalls das harmonische Gedeihen. Umgekehrt tragen die starken Düfte, die zahlreiche Würz- und Heilpflanzen verströmen, dazu bei, den Garten und seine Pflanzen in einem gesunden Gleichgewicht zu erhalten. Sie wehren Schädlinge ab, locken Nützlinge an und tragen in der Mischkultur zu ausgewogenem Wachstum bei.

Naturgemäßer Pflanzenschutz

Es geschieht selten, dass Kräuter wirklich krank oder übermäßig von Schädlingen geplagt werden. Fehler in der Kultur oder extrem ungünstige Wetterbedingungen können die Ursache dafür sein. So werden die Blätter von Borretsch oder Ringelblumen manchmal von Mehltau befallen, wenn die Pflanzen zu dicht oder zu schattig stehen. Auch endlose Regenwochen können Schuld sein an dieser Pilzinfektion.

- In solchen Holzlegen, die nur wenig Platz brauchen, wandeln sich alle Abfälle in Erde um.

- Der fertige Kompost ist eine ausgewogene Nahrungsgrundlage für alle Kräuter.

Bodenälchen, Erdflöhe oder Schnecken gehören zu den ungebetenen Mitessern, die manchen Kräutern gefährlich werden können. Dramatische Situationen gibt es aber nur selten im Kräutergarten. Wenn Sie die Gefährdung rechtzeitig erkennen und rasch gegensteuern, werden sich die Schäden sicher in Grenzen halten.

Gefahr und Rettung

Echter Mehltau »kränkt« Borretsch

Der beste Schutz ist reichlich Platz. Die kräftigen Pflanzen möchten sich ungehindert entfalten. Sie brauchen humusreichen, lockeren Boden und genügend Feuchtigkeit. Wenn das Kraut zu dunkel und eng steht, nützen auch Spritzmittel nichts.

Petersilie lässt die Blätter hängen

Manchmal fällt die Petersilie, die gerade noch mit üppig krausem Blattwerk prunkte, ganz plötzlich um. Die Blätter werden welk und gelb. Dieser Kollaps kann unterschiedliche Ursachen haben: Wenn die Maden der Möhrenfliege in die Wurzeln eindringen, färbt sich das Laub gelb. Gegen diesen Schaden helfen vorbeugend Mischkulturen mit Schnittlauch oder Zwiebeln ebenso wie Spritzungen mit Wermut- oder Rainfarn-Tee.

Wurzelälchen oder Nematoden dringen ebenfalls in die Wurzeln der Petersilie ein. Sie stören das Wachstum. Eine Mischkultur mit Tagetes wehrt die Älchen erfolgreich ab. Noch gründlicher wirkt eine Bodenentseuchung durch Ringelblumen und Tagetes ein Jahr bevor Sie wieder Petersilie auf das Beet säen.

Achten Sie auch darauf, dass Petersilie mit sich selbst unverträglich ist. Das Kraut muss jedes Jahr einen neuen Platz bekommen.

Pfefferminze wird rostig

Der Pfefferminzrost ist eine Pilzinfektion, die sich gern auf Pflanzen ausbreitet, die zu eng und zu feucht stehen. Kranke Triebe schneiden Sie am besten kurz entschlossen ab. Die Minze treibt danach wieder gesund aus. Diesen Ärger können Sie sich ersparen, wenn Sie von Anfang an auf einen günstigen Standort achten und nicht zu eng pflanzen. Pfefferminze wuchert!

Schnittlauch wird »unterminiert«

Lauchmotten überfallen manchmal auch den kleinen Bruder des großen Lauchs, den Schnittlauch. Ihre Maden fressen Miniergänge in die Schlotten. (So nennt man die röhrenförmigen Blätter). Mischkulturen mit Möhren oder Schnittsellerie wehren die Fliege ab. Schneiden Sie kranke Röhrenblätter zurück. Der neue Austrieb ist wieder gesund.

■ Der starke Duft des Bohnenkrautes wehrt Läuse ab. Für die Petersilie ist der Schnittlauch ein guter Partner.

Kräuter im Garten

Schnecken fressen junge Aussaaten

In den ersten Frühlingswochen sind junge Aussaaten sehr gefährdet. Hungrige Schnecken zerstören manchen Kräutertraum über Nacht. Basilikum, Bohnenkraut, Majoran und Dill sind besonders begehrt. Aber auch der zarte Austrieb von Estragon, Pfefferminze und Sauerampfer ist bei den Kriechtieren beliebt.

Sammeln Sie in diesen Wochen regelmäßig Schnecken, wenn sie am Abend aus den Schlupflöchern kommen. Unter feuchten Säcken und Brettern können Sie sie auch am Morgen finden. Streuen Sie um gefährdete Kulturen dicke Sägemehl-Wälle oder gemahlenen Niemsamen aus (Bezugsquellen finden Sie im Anhang).

Schaffen Sie zudem Lebensraum für Nützlinge in Ihrem Garten. Igel, Kröten und teilweise auch Vögel gehen dann für Sie auf Schneckenjagd. Sicheren Schutz bieten Schneckenzäune mit abgewinkelten Kanten oder im Notfall das umweltfreundliche Schneckenkorn »Ferramol«.

Mittel gegen Echten Mehltau

Der Echte Mehltau ist eine Pilzinfektion. Schwül-warmes Wetter, Überdüngung und dicht zusammengewachsene Pflanzen begünstigen die Ausbreitung. Sorgen Sie für naturgemäße Wachstumsbedingungen. Kranke Blätter müssen frühzeitig entfernt und vernichtet werden. So wird die weitere Ausbreitung der Erkrankung gebremst. Vorbeugend wirken blattstärkende Spritzmittel aus Schachtelhalm. Notfalls können Sie das Handelspräparat »BioBlatt Mehltaumittel« anwenden.

Mittel gegen Blattläuse

Bei extremer Witterung oder an ungünstigen Standorten fallen manchmal Blattläuse über den Kräutergarten her. Borretsch, Dill, Petersilie oder Kapuzinerkresse können die Opfer sein. Besten vorbeugenden Schutz bieten naturgemäße Standortbedingungen und Lebensraum für Nützlinge im Garten. Wenn die Plage groß ist, helfen Spritzungen mit Wermut- oder Rainfarn-Tee, im Notfall auch käufliche Niembaum-Präparate.

■ Unter feuchten Brettern verstecken sich die Schnecken tagsüber.

■ Die schöne Kapuzinerkresse ist bei Schwarzen Läusen beliebt. Wermut-Tee hilft!

Spritzbrühen aus Kräutern für den Kräutergarten

Rainfarn-Tee
(Tanacetum vulgare)

300 Gramm frische Blüten und Blätter des Rainfarns oder 30 Gramm getrocknetes Kraut werden mit 10 Liter kochendem Wasser überbrüht. Der Tee muss 10 bis 15 Minuten ziehen, dann wird er abgesiebt. Verdünnen Sie den abgekühlten RainfarnTee 1 : 3 mit Wasser. Dann kann er gegen Läuse und andere Insekten versprüht werden.

Wermut-Tee
(Artemisia absinthium)

Wermutblätter werden vor der Blüte gesammelt. 300 Gramm frisches oder 30 Gramm getrocknetes Kraut wird mit 10 Litern kochendem Wasser überbrüht. Die Zubereitung entspricht dem Rainfarn-Rezept. Wermut-Tee wird aber unverdünnt ausgespritzt. Er wehrt Läuse, Raupen und Ameisen ab.

Ackerschachtelhalm-Brühe
(Equisetum arvense)

Der Ackerschachtelhalm ist reich an Kieselsäure. Oft findet man ihn noch wild wachsend an Wiesen- oder Grabenrändern. Er wird im Sommer geerntet, wenn das Kraut besonders viel Kieselsäure enthält. 1 bis 1,5 Kilogramm frischer Schachtelhalm oder 150 bis 200 Gramm getrocknete Droge werden in 10 Liter kaltem Wasser 24 Stunden

lang eingeweicht. Danach kochen Sie den Ansatz auf und lassen alles 30 Minuten lang leise weiter köcheln. Die fertige Brühe wird abgesiebt und nach dem Abkühlen 1 : 5 mit Wasser verdünnt.

Schachtelhalm-Brühe sollte immer vormittags bei sonnigem Wetter über die Blätter gesprüht werden. Sie wirkt vorbeugend gegen Pilzinfektionen. Im Handel können Sie Schachtelhalm-Präparate auch fertig kaufen.

Käuflicher Pflanzenschutz

Im Fachhandel oder bei Spezialversendern finden Sie bewährte Präparate für den biologischen Pflanzenschutz. Wählen Sie möglichst umweltfreundliche Mittel

aus – auch natürliche Substanzen sind nicht immer nützlingsschonend! Bezugsquellen für empfehlenswerte Bio-Produkte finden Sie im Anhang (Seite 92). Im Kräutergarten werden Sie stärkere Mittel normalerweise nicht benötigen.

Kräuter in der Mischkultur

Kräuter bieten nicht nur gesunde Zutaten für die Küche und die Hausapotheke, sie tragen auch zur Gesundheit des Gartens mit all seinen Nutz- und Zierpflanzen bei. Wenn Sie das richtige Kraut mit dem passenden Partner kombinieren, entstehen schädlingsabwehrende oder wachstumsfördernde Mischkulturen. Es lohnt sich, diese Beispiele einmal auszuprobieren:

■ Die Wedel des Ackerschachtelhalms ernten Sie am besten im Sommer. Sie können einen Sud daraus bereiten, der gegen Pilzkrankheiten an Kräutern, aber auch an Rosen vorbeugt.

- **Bohnenkraut** am Rand des Beetes vertreibt die Schwarze Bohnenlaus.
- **Dill** ist ein guter Nachbar für Gurken, Möhren und Zwiebeln; er fördert gesundes Wachstum.
- **Kresse**, abwechselnd mit Radieschen gesät, verbessert den Geschmack dieser Frühlingsdelikatesse.
- **Lavendel** hilft die Läuse an den Rosen zu vertreiben. Die duftenden blauen Blüten bilden auch einen wunderschönen Farbkontrast zur Rosenblüte.

- **Schnittlauch** neben den Möhren wehrt die Möhrenfliege ab.

Kräuter, die sich gar nicht »grün« sind

Auch unter den Kräutern findet man manchmal Nachbarn, die sich nicht gut vertragen. Vermeiden Sie deshalb folgende Kombinationen:

- **Kümmel** und **Fenchel**
- **Petersilie** und **Salat**
- **Pfefferminze** und **Kamille**

KRÄUTER SELBST AUSSÄEN

Die **einjährigen Kräuter** leben nur einen Sommer lang. Sie werden in jedem Frühling neu ausgesät. Zu ihnen zählen zum Beispiel Borretsch, Bohnenkraut, Basilikum, Majoran und Kresse.

Zweijährige Kräuter müssen ebenfalls immer wieder neu gesät werden. Ihre Samen werden im Frühling oder Frühsommer ausgestreut. Bis zum Herbst treiben nur die Blätter aus. Im zweiten Jahr entwickeln die Pflanzen dann Blüten und Samen. Danach neigt sich ihr Lebenszyklus seinem Ende zu. Zu den zweijährigen Kräutern gehören zum Beispiel Petersilie und Kümmel.

Zahlreiche **langlebige Kräuter** werden als vorgezogene Jungpflanzen angeboten. Preiswerter und spannender ist es aber, wenn Sie sich einige Lieblingsstauden selber aus Samen großziehen. Rosmarin, Lavendel, Thymian und Zitronenmelisse bieten sich für einen Versuch an.

Robuste Kräuter können Sie direkt auf ein Beet im Garten säen, wärmebedürftige Arten ziehen Sie besser auf der Fensterbank oder im Gewächshaus vor.

Die Aussaat im Freiland

Bereiten Sie das Beet sorgfältig vor, ehe Sie zu den Samentüten greifen. Der Boden sollte nicht zu nass und von der Frühlingssonne schon erwärmt sein. Wenn Ihnen die Erde krümelig durch die

- In bunter, lockerer Mischung gedeihen Kräuter am liebsten. So wirken sie schön und natürlich – fast wie in der Wildnis.

Finger gleitet, ist der Zeitpunkt richtig. Lockern Sie nun den Boden gründlich mit einem Sauzahn, einer Grabgabel oder einer Hacke auf. Unkraut muss mit allen Wurzeln entfernt werden. Für tief wurzelnde Pflanzen wie Löwenzahn und Disteln verwenden Sie am besten einen Unkrautstecher. Anschließend wird die Erdoberfläche mit dem Rechen wieder glatt gezogen.

Nun können Sie mit den Fingern oder mit einem Holzstab flache Rillen ziehen, in die Sie die Samenkörner – nicht zu dicht! – streuen. Drücken Sie die Saat behutsam mit der Hand ins Erdreich. Dann decken Sie die Reihen mit reifem Kompost oder feinkrümeliger Gartenerde

■ Bevor Sie Kräuter auf ein Gartenbeet säen, muss die Erde sorgfältig vorbereitet werden.

zu. Je kleiner die Samenkörner sind, desto dünner sollte die Abdeckung sein. Zum Schluss gießen Sie alle Aussaaten vorsichtig mit sanfter Brause an. Bis die Samen keimen und die ersten Blättchen sprießen, muss das Beet gleichmäßig feucht gehalten werden. Wichtig ist auch, dass Sie alle Reihen mit Namensschildern oder leeren Samentüten kennzeichnen. Vor allem für Anfänger ist diese Gedächtnisstütze später hilfreich.

Beginnen Sie mit der Aussaat erst, wenn die Erde sich erwärmt hat. Dieser Zeitpunkt ist nicht nur von Landschaft zu Landschaft unterschiedlich, er wechselt auch von einem Jahr zum nächsten.

■ Wenn für die Aussaat in Töpfen alles bereit steht, geht die Arbeit leicht von der Hand.

Kräuter im Garten

Manchmal dauert die Winterkälte bis zum April, ein anderes Mal ist schon der März verlockend frühlingswarm. Lassen Sie sich aber nicht zu früh verführen. Empfindliche Kräuter sollten Sie immer erst im Mai aussäen.

- **Von März bis April** können Sie robuste Kräuter wie Borretsch, Kresse, Kerbel, Petersilie und Ringelblumen aussäen.
- **Im Mai** ist es Zeit für Bohnenkraut, Majoran, Dill, Rucola und Kapuzinerkresse.
- **Im Juni** können noch zweijährige Kräuter wie Petersilie, Kümmel und Winterkresse gesät werden.

Gute Tipps für die Aussaat finden Sie auch immer auf der Rückseite der Samentüten.

Die Anzucht im Warmen

Kräuter, die aus südlichen Ländern stammen, brauchen eine warme, geschützte »Kinderstube«. Draußen im Garten ist das Frühlingswetter noch zu launisch. Sonnige Tage wechseln immer wieder mit nasskalter Witterung ab. Unter solchen Wechselbädern wollen Basilikum und Majoran nicht keimen. Es besteht die Gefahr, dass die Samen im kalten Erdreich faulen. Säen Sie deshalb die südländischen Kräuter im Gewächshaus oder in Gefäßen auf einer warmen Fensterbank aus.

In einem geheizten Gewächshaus können Sie bereits im Februar mit der Aussaat beginnen. Hinter den großen Glasflächen sind die Wärme und Lichtverhältnisse optimal. Eine helle, warme Fensterbank eignet sich aber auch für den »Kräuter-Kindergarten«. In Töpfen oder Schalen können Sie ab März mit der Vorkultur beginnen.

Fertige, unkrautfreie Aussaaterde wird in Gärtnereien und Gartencentern angeboten. Sie können sich aber auch Ihre eigene Mischung aus reifem Kompost und Sand herstellen. Die Erde muss leicht und locker sein, damit die ersten zarten Wurzeln und die weichen Keimblätter keine Mühe haben. Reinigen Sie die Gefäße mit heißem Wasser und legen Sie auf die Abflusslöcher am Boden Topfscherben, damit überschüssiges Wasser immer gut abfließen kann. Füllen Sie nun die Erde in die Gefäße und glätten Sie die Oberfläche mit

■ Wenn die Sämlinge in der Saatkiste ein bis zwei Blattpaare getrieben haben, werden sie einzeln in kleine Töpfe gesetzt. Eine Glas- oder Plastikhaube schafft ideale Bedingungen und die Pflänzchen wachsen besonders gut an.

einem Holzbrettchen oder einfach mit den Händen.

Nun streuen Sie die Samen der Kräuter dünn aus und drücken sie ein wenig mit den Fingern in die Erde. Dann wird die Saat dünn mit feinem Humus übersiebt und zugedeckt. Gießen Sie zum Schluss vorsichtig mit einer feinen Brause und warmem Wasser an. Achten Sie darauf, dass die Samenkörner dabei nicht hochgeschwemmt werden! Von nun an darf die Oberfläche Ihrer Saatgefäße nie austrocknen. Passen Sie vor allem an sonnigen Frühlingstagen gut auf Ihren Kräuter-Kindergarten auf! Wenn Sie die Gefäße mit Kunststofftüten oder Glasscheiben abdecken, entsteht ein günstiges feucht-warmes Treibhausklima, das die Keimung fördert. Noch etwas mehr Komfort für die Anzucht bieten kleine Zimmergewächshäuser, die Sie im Gartenfachhandel kaufen können.

Nachdem die jungen Pflänzchen die ersten Blattpaare entwickelt haben, werden sie vorsichtig – zum Beispiel mit Hilfe einer alten Küchengabel – aus dem Erdreich gehoben und einzeln oder büschelweise in kleine Töpfe versetzt. Nun können Sie sich kräftig entwickeln. Öffnen Sie ab und zu bei gutem Wetter das Fenster, um die kleinen Kräuter abzuhärten. Ab Mitte Mai dürfen dann auch diese Kinder des Südens in den Garten oder auf die Terrasse umziehen.

Auf der Fensterbank oder im Gewächshaus können Sie zum Beispiel Basilikum, Majoran, Bohnenkraut, Rosmarin, Lavendel oder Thymian anziehen.

KRÄUTER PFLANZEN

Im **Frühling** bieten viele Gärtnereien oder Gartencenter vorgezogene Kräuter an. Diese Pflanzen besitzen bereits kräftige Wurzeln, sie wachsen deshalb meist rasch und problemlos an. Auch Ihre eigenen vorgezogenen Kräuter können im Garten ausgepflanzt werden, wenn sie kräftig genug sind. Für langlebige Staudenkräuter ist auch der **Herbst** eine günstige Pflanzzeit.

Bereiten Sie die Beete im Kräutergarten gut vor, so wie es bei der Aussaat beschrieben ist. Überlegen Sie sich sorgfältig, wie die Pflanzen angeordnet werden sollen. Für »Sonnenkinder« reservieren Sie die wärmsten Plätze. Kräuter, die später hoch wachsen, setzen Sie am besten in den Hintergrund des Beetes. Im mittleren Bereich finden die halbhohen Kräuter einen guten Platz. An den Rändern gedeihen niedrige, polsterartig wachsende Arten. Denken Sie bei der Beetaufteilung auch daran, dass langlebige Gewürz- und Heilpflanzen mit der Zeit oft breite Büsche bilden. Einige breiten sich auch durch Wurzelausläufer immer weiter aus. Planen Sie bereits bei der Pflanzung reichlich Zwischenraum ein!

Zu den hoch und kräftig wachsenden Kräutern gehören zum Beispiel Liebstöckel und Teefenchel. Stattlich

■ Viele Gärtnereien bieten vorgezogene Staudenkräuter an. Sie können sich dort kräftige Pflanzen aussuchen, die gut anwachsen und sich rasch entwickeln.

entwickeln sich auch Estragon, Dill und Beifuß. Mittlere Höhe erreichen Zitronenmelisse, Borretsch, Sauerampfer, Eberraute, Lavendel, Salbei, Oregano, Kümmel, Ringelblumen und Johanniskraut. Niedriger wachsen Petersilie, Schnittlauch, Majoran, Bohnenkraut, Thymian und Rucola. Auf den Samentüten und bei den Kräuter-Porträts in diesem Buch finden Sie immer Angaben über das Wachstum der verschiedenen Kräuter. Solange Sie noch keine eigenen Erfahrungen haben, sollten Sie sich dort kundig machen.

Nachdem alle Vorbereitungen getroffen sind, können Sie Ihre ausgewählten Kräuter auf dem Beet verteilen. Mit einer kleinen Schaufel graben Sie ein passendes Loch in den Boden, das Sie mit reifem Kompost ausfüttern. Nun werden die Pflanzen vorsichtig aus den Töpfen gelöst und so tief eingepflanzt, wie sie vorher im Erdreich standen. Drücken Sie die Wurzeln behutsam mit den Händen fest. Zum Schluss gießen Sie gründlich an. Jungpflanzen brauchen Zeit, bis sie mit ihren Wurzeln in der neuen Umgebung Fuß gefasst haben. Lassen Sie sie während dieser Umstellung niemals trocken werden. Ältere, tief eingewurzelte Gewächse können Dürre oder zuviel Nässe später leichter überstehen.

Wenn Sie den Boden zwischen den kleinen Kräutern mit einer dünnen Mulchschicht zudecken, ist die Feuchtigkeit länger geschützt. Verwenden Sie dazu zum Beispiel angetrockneten Grasschnitt oder klein geschnittene junge Brennesseltriebe. Vergessen Sie auch nicht, regelmäßig Unkraut zu jäten. Der Wildwuchs ist lebensstark – er kann die jungen Kräuter rasch überwuchern und ersticken!

■ Bevor Sie Kräuter pflanzen, verbessern Sie die Erde mit Kompost. Lockern Sie den Wurzelballen etwas auf, wenn er sehr verfilzt ist.

BEISPIELE ZUM AUSPROBIEREN

Nun haben Sie schon eine Menge über die Kräuter-Gärtnerei erfahren, aber vielleicht stehen Sie jetzt ein wenig ratlos vor der Fülle der Möglichkeiten. Der Platz im Garten ist begrenzt – für welche Kräuter sollen Sie sich entscheiden? Und – was manchmal noch schwieriger ist – welche verlockenden Schätze müssen draußen vor der Tür bleiben? Ein wildes Sammelsurium bereitet meist mehr Probleme als Freuden. Bei weiser Beschränkung gedeihen Kräuter, die sorgfältig ausgewählt wurden und gut zusammenpassen, dagegen harmonisch und gesund.

Die folgenden Beispiele können Ihnen den Einstieg erleichtern. Wenn Sie genügend Erfahrungen gesammelt haben, steht es Ihnen natürlich frei, die Auswahl nach eigenem Geschmack zu variieren.

Ein Küchenkräuter-Beet

Im Hintergrund:
1 Estragon – 2 Dill
In der Beetmitte:
3 Zitronenmelisse – 4 Sauerampfer –
5 Borretsch – 6 Salbei –
7 Bohnenkraut – 8 Pimpinelle
Am Beetrand:
9 Schnittlauch – 10 Rucola –
11 Winterheckezwiebel.

Mit dieser Kräuterauswahl können Sie vom Frühling bis zum Herbst abwechslungsreich kochen. Die Winterheckezwiebel bleibt auch in der kalten Jahreszeit grün, solange kein starker Frost droht. Im Frühling treibt sie sehr zeitig wieder aus. Estragon, Dill, Zitronenmelisse, Sauerampfer, Borretsch, Pimpinelle, Schnittlauch, Rucola und Winterheckezwiebel gehören zu den Salatkräutern, die Sie – je nach Laune – immer wieder neu kombinieren können. Aus diesen Kräutern lässt sich auch die berühmte Grüne Soße mischen, die schon der Dichter Johann Wolfgang von Goethe sehr schätzte. Das Rezept stammt aus seiner Heimatstadt Frankfurt, wo eine Kräutermischung für »Grüne Soße« noch heute im Frühling auf den Märkten angeboten wird. Das Rezept finden Sie auf Seite 67.

Das Feinschmecker-Kraut Estragon ist besonders vielseitig. Außer im Salat

■ Schnittlauch und Winterheckezwiebeln bilden am Beetrand einen wunderschönen Blickfang.

können Sie es auch für Soßen, Fisch- und Fleischgerichte verwenden. Dill passt wunderbar zu Gurken, das Bohnenkraut verleiht allen Bohnengerichten und Eintöpfen ein kräftig ländliches Aroma. Vom Borretsch können Sie auch die hübschen blauen Blüten verwenden. Sie sind essbar und sehen zauberhaft aus, wenn sie über den Salat verstreut werden. Die silbergrauen Blätter des Salbeistrauches sind unentbehrlich für Gerichte aus den Mittelmeerländern. Mit Rucola zaubern Sie einen Hauch von Toscana in Ihre Küche. Eine Auswahl anregender Rezepte finden Sie ab Seite 65.

Achten Sie bei der Anlage des Küchenkräuter-Beetes darauf, dass die Fläche nicht zu klein ist. Der ausdauernde Estragon treibt Ausläufer. Reservieren Sie

Kräuter im Garten

ihm genügend Platz, damit er sich noch ausbreiten kann. Die Zitronenmelisse bildet mit den Jahren breite Büsche, und auch der Borretsch möchte sich noch nach allen Seiten entfalten. Sauerampfer, Salbei, Bohnenkraut und Pimpinelle bleiben dagegen »überschaubar«. Die Randpflanzung benötigt nur einen 20 bis 30 Zentimeter breiten Streifen.

Viele Pflanzen in Ihrem Küchenkräuter-Garten bieten auch Bienen und anderen nützlichen Insekten reiche Honigernten an. Lassen Sie deshalb Dill, Zitronenmelisse, Salbei, Bohnenkraut, Schnittlauch und Winterheckezwiebel zumindest teilweise Blüten ansetzen.

Ein Apotheken-Gärtchen

Im Hintergrund:
1 Teefenchel – 2 Beifuß
In der Beetmitte:
3 Zitronenmelisse – 4 Pfefferminze –
5 Ringelblumen – 6 Johanniskraut –
7 Kamille

Im Vordergrund:
8 Zitronenthymian – 9 Thymian –
10 Quendel
Auf der Mauer:
11 Salbei – 12 Lavendel – 13 Eberraute.

Wenn Sie vor allem Tee- und Arzneikräuter für Ihre Hausapotheke ernten möchten, dann wird Ihre Küche trotzdem nicht zu kurz kommen. Denn manches Heilkraut ist gleichzeitig auch ein schmackhaftes Gewürzkraut. Die Zitronenmelisse liefert Ihnen erfrischend-aromatische Blätter für den Salat. Beifuß gehört zu den traditionellen Zutaten zum Gänsebraten, Salbei und Thymian würzen italienische Spezialitäten oder deftige heimische Eintöpfe. Mit Minzenblättern und einer Prise Eberraute gewinnt eine Soße einen sehr aparten Geschmack.

Alle Kräuter des Apotheken-Gärtchens schenken Ihnen aber vor allem Tee- und Arzneivorräte. Sie können sie während der Sommermonate alle frisch verwen-

den. Wenn sie getrocknet oder auf andere Weise haltbar gemacht werden sollen, ist es wichtig, **den günstigsten Zeitpunkt für die Ernte** zu wählen. Die Blätter von Salbei, Eberraute, Zitronenmelisse und Pfefferminze müssen vor der Blüte geschnitten werden. Von der Kamille sind nur die Blütenköpfchen heilkräftig; vom Lavendel nehmen Sie die Blütenähren, ein Stückchen vom Stängel brauchen Sie aber auch, um Sträußchen zum Trocknen binden zu können. Das ganze blühende Kraut ernten Sie von Oregano und Thymian, vom Johanniskraut dagegen nur die Blütendolden mit den oberen Blättern. Beim Beifuß ist der Zeitpunkt günstig, wenn die Blüten noch geschlossen sind. Schneiden Sie die Knospen mit den Blättern des oberen Triebes. Beim Teefenchel müssen Sie warten, bis die Samen ausgereift sind.

Auch das Apotheken-Gärtchen ist eine blühende Nektarquelle, die Bienen, Schmetterlinge und andere Insekten anlockt. Den Menschen helfen die Heilkräuter von diesem Beet bei mancherlei Beschwerden:

Fencheltee wirkt krampflösend und lindert Blähungen. **Beifuß** macht schwere Speisen wie Gänsebraten leichter verdaulich. Beifuß-Tee wirkt appetitanregend und entkrampfend im Magen-Darmbereich. Die **Zitronenmelisse** beruhigt Herz und Nerven; mischen Sie Ihre Blätter in einen Schlaftee. Krampflösend und wohltuend für den Magen sind **Pfefferminze, Oregano** und **Eberraute**. Nervenstärkend und erfrischend wirken die duftenden

Lavendelblüten, im Tee oder als Badezusatz. **Kamillenblüten-Tee** ist hilfreich bei Entzündungen. **Johanniskraut-Tee** beruhigt gestresste Nerven, das **Rote Johanniskraut-Öl** lindert als Einreibemittel Sonnenbrand und kleine Brandwunden. **Ringelblumen-Tee** wirkt leicht krampflösend und blutreinigend. Die bekannte **Ringelblumen-Salbe** heilt Wunden und Entzündungen. **Salbeitee** bewährt sich bei Halsschmerzen und Erkältungen. **Thymian-Tee** mit Honig besänftigt den Husten.

Mit welchen Methoden Sie alle diese Heilkräuter für längere Zeit konservieren können, erfahren Sie ab Seite 37 im Kapitel »Kräuter ernten und aufbewahren«.

Eine Trauminsel der Düfte

Wenn Kräuter nicht nur aromatische Würze bereithalten, sondern auch noch betörende Wohlgerüche verströmen, ist der Sommergenuss vollkommen. Pflanzen Sie Ihre Duftfavoriten in »Nasen-Reichweite«, damit Sie sie so nah und so oft wie möglich genießen können. Dafür schaffen Sie sich am besten in einer sonnigen Ecke Ihres Gartens einen kleinen verwunschenen Sitzplatz. Es reicht schon, wenn dort ein einziger Stuhl Platz findet. Rund um diese Oase und zu beiden Seiten des schmalen Weges, der dort hinführt, legen Sie ein Duftbeet an.

Linkes Beet: Neben dem Sitzplatz wächst die historische weißblühende Rose 'Blanchefleur' 1. In der Beetmitte blühen in verschiedenen Lilatönen Lavendel 2 und Anis-Ysop 3, daneben der weiße Heliotrop 4 *(Heliotropium arborescens* 'Alba'). Am unteren Beetrand gedeihen Sibirischer Goldlack 5 *(Erysimum × allionii)* und Orangenminze 6 *(Mentha × piperita* var. *citrata)*, als Wegeinfassung breitet sich Polsterthymian 7 aus.

Rechtes Beet: Die purpurrote historische Rose 'Rose de Resht' 8 duftet direkt neben dem Sitzplatz. In der Beetmitte wachsen weiße Nachtviolen 9 *(Hesperis matronalis* subsp. *candida)*, Eberraute 10 und Oregano 11, am unteren Beetrand bunte Bartnelken 12 *(Dianthus barbatus)* und weiße Federnelken 13 *(D. plumarius)*, am Wegrand Polsterthymian 7 in verschiedenen Arten und Sorten.

Kräuter im Garten

Wenn Sie über den kleinen Pfad gehen, begleitet Sie der Duft, der aus den Thymianpolstern aufsteigt. Noch intensiver wird er, wenn Sie sich bücken und mit der Hand über die flachen Blütenkissen streichen. Hier können Sie ein abwechslungsreiches Muster aus Zitronenthymian *(Thymus × citriodorus)* 'Golden Dwarf' mit gelb-grünen Blättern oder 'Variegatus' mit weiß-bunten Blättern und Zitronenquendel, 'Purple Beauty' *(Th. serpyllum)* mit leuchtend magenta bis dunkelrosa Blüten zusammenstellen.

Die Rosenblüte genießen Sie ungestört auf Ihrem stillen Sitzplatz. 'Rose de Resht' duftet süß aus stark gerüschten pupurroten Blüten, die bis zum Herbst immer wieder nachtreiben. 'Blanchefleur' ist eine einmalblühende weiße Zentifolienrose mit zartem Wohlgeruch. An warmen Sommertagen mischen sich frisches Lavendelaroma, der Anisduft der Agastache und die schwere Süße des weißen Heliotrops dazu. Aus den leuchtend orangegelben Blüten des Sibirischen Goldlacks steigen rosenähn-

liche Wohlgerüche auf, während die Orangenminze eine weiche, fruchtige Note hinzufügt.

Auf der anderen Beetseite erfüllen Oregano und Eberraute die Luft monatelang mit würzigen Wohlgerüchen. Bartnelken und Federnelken gehören zu den traditionsreichen Blumen des Bauerngartens, die die Kräuteraromen im Frühsommer mit ihrem süßen vollen Duft wunderbar ergänzen. An warmen Juniabenden betört die Nachtviole mit ihrem schweren, süßen Parfum; ihre weißen Blüten leuchten magisch in der Dämmerung.

Die Trauminsel der Düfte ist eine Mischung aus Kräutern und Duftpflanzen. Alle Gewürz- und Teepflanzen können Sie natürlich in der Küche verwenden. Auch Rosen-, Heliotrop- und Nelkenblüten sind essbar. Bevor sich die hohen Blütenstängel entwickeln, können Sie die Blätter der Nachtviolen pflücken und in den Salat streuen.

Wenn Ihr Garten nicht genug Platz bietet für die komplette Pflanzung, dann können Sie auch eines der beiden Beispiele auswählen. Die Kräuter und Blumen lassen sich an einer geeigneten sonnigen Stelle auf einem normalen Beet arrangieren. So können Sie sowohl in den Kräutergarten als auch in eine Staudenrabatte integriert werden.

Genießen Sie Ihre Trauminsel mit allen Sinnen: die wunderbaren Düfte, die Farben, das Summen der Bienen, das schwerelose Spiel der Schmetterlinge und schließlich auch die hinreißenden Aromen in der Küche.

■ Ein kleiner Ausschnitt aus der großen Trauminsel der Düfte lässt sich in jedem Garten verwirklichen. Hier ist es die bezaubernde Mischung der Wohlgerüche von Rosen und Lavendel.

KRÄUTER SELBST VERMEHREN

Sobald Sie den Grundstein für Ihren Kräutergarten gelegt haben, können Sie aus Ihren Vorräten schöpfen und selbst für Nachwuchs sorgen. Nirgends bekommen Sie preiswertere Pflanzen als aus der eigenen Vermehrung! Das macht sich zum Beispiel sehr positiv bemerkbar, wenn Sie rund um ein Beet oder am Weg entlang eine niedrige Hecke anlegen möchten. Dazu eignen sich vor allem Lavendel oder Eberraute. Für eine solche Einfassung benötigen Sie eine größere Menge Pflanzen. Und diese Anschaffung ist nicht billig. Verwenden Sie dagegen Stecklinge oder Sämlinge aus eigener Anzucht, dann kostet Sie diese wunderschöne, duftende Kräuter-Hecke keinen Pfennig!

Abgesehen vom nützlichen Aspekt bereitet die Pflanzenvermehrung aber auch viel Freude. Sie lernen die verschiedenen Kräuter noch einmal ganz intensiv kennen, beobachten sie gleichsam »von der Pieke auf«. Es ist ein wunderbares Erlebnis, wenn aus einem Samenkorn oder einem kleinen Zweig eine ganz neue, lebensstarke Pflanze entsteht. Für die Vermehrung bieten sich verschiedene Methoden an. Probieren Sie aus, was Ihnen Freude macht und was in Ihrem Garten möglich ist.

Samen

Von zahlreichen Kräutern – einjährigen, zweijährigen und mehrjährigen – können Sie Saatgut kaufen. Durch Samen gewinnen Sie immer eine größere Menge junger Pflanzen. Bei ein- und zweijährigen Kräutern ist die **Aussaat** die allgemein übliche Form der Vermehrung. Darüber haben Sie schon im Kapitel »Kräuter säen« alles Wissenswerte erfahren. Bei Staudenkräutern lohnt sich die eigene Aussaat, wenn Sie einen größeren Vorrat an Pflanzen oder spezielle Sorten haben möchten, die im Handel nicht überall angeboten werden.

Für die Aussaat eignen sich zum Beispiel Schnittlauch, Russischer Estragon, Zitronenmelisse, Pimpinelle, Oregano, Thymian, Ysop, Teefenchel, Salbei, Eberraute, Lavendel, Rosmarin und Liebstöckel. Schnittlauch, Zitronenmelisse, Teefenchel und Oregano säen sich unter guten Bedingungen oft selbst im Garten aus.

■ Achten Sie auf den richtigen Zeitpunkt, wenn Sie Dillsamen ernten möchten. Sobald die Körner sich braun färben, sollten Sie die Dolden schneiden.

Vom Schnittlauch, Teefenchel und Liebstöckel können Sie die Samen leicht im eigenen Garten gewinnen. Auch ein- und zweijährige Kräuter wie zum Beispiel Ringelblumen, Kapuzinerkresse, Dill, Kamille, Kümmel, Kresse und Rucola setzen Samen an, die Sie ernten können.

Teilung von Wurzelballen

Manche ausdauernden Kräuter bilden im Lauf der Jahre dichte Wurzelballen, die Sie ausgraben und mit dem Spaten in mehrere Stücke teilen können. So entstehen neue Pflanzen, die sofort wieder in die Erde gesetzt werden müssen, damit die Wurzeln nicht austrocknen. Bei sehr alten, bereits stark verholzten Stauden ist die Teilung aber nicht mehr zu empfehlen. Gut geeignet für diese Art der Vermehrung sind vor allem der Schnittlauch und die Winterheckezwiebel. Auch mit Zitronenmelissse, und Oregano können Sie es versuchen. Die beste Zeit für die Teilung ist der Frühling oder der Herbst.

Wurzelausläufer

Estragon und Pfefferminze bilden nach allen Seiten Wurzelausläufer. Trennen Sie einfach ein Wurzelstück mit dem Spaten ab und pflanzen Sie es an einem neuen Platz wieder ein. Die oberirdischen Pflanzenteile werden etwas zurückgeschnitten. Sie wachsen wieder nach, sobald der Ableger Fuß gefasst hat. Beste Pflanzzeit ist Frühling oder Herbst.

Kräuter im Garten

Wurzelstücke

Einige Kräuter besitzen besonders starke, fleischige Wurzeln. Aus jedem Wurzelteilstück treibt eine neue Pflanze aus. Diese Art der Vermehrung gelingt besonders gut bei Meerrettich und Liebstöckel. Graben Sie im Frühling vorsichtig kleine Seitenwurzeln aus und legen Sie sie gleich wieder in feuchtes Erdreich.

Stecklinge und Absenker

Im Frühsommer ist die beste Zeit für die Vermehrung durch Stecklinge. Schneiden Sie dafür junge, noch nicht verholzte Triebspitzen ab. Die unteren Blätter müssen alle entfernt werden. Die Stängel werden in kleine Töpfe mit sandigem Erdreich gesteckt und vorsichtig angegossen. Stellen Sie diese Stecklinge ins Frühbeet, auf eine nicht zu sonnige Fensterbank oder an einen hellen, geschützten Platz im Garten. Die Töpfchen dürfen nicht austrocknen, aber auch nicht triefend nass gegossen werden.

Wenn Ihre Stecklinge Wurzeln gebildet haben, dann beginnen Sie auch neue Blättchen zu treiben. Damit die kleinen Pflänzchen kräftig werden, müssen sie noch einmal in größere Töpfe versetzt werden. Stecklinge können Sie von Salbei, Rosmarin, Eberraute, Lavendel, Ysop, Thymian, Beifuß, Estragon und Duftblattgeranien schneiden.

Manche Pflanzen sorgen selbst für Nachwuchs und Verjüngung, indem sie sogenannte **Absenker** bilden. Ihre Zweige biegen sich dabei zu Boden und schlagen Wurzeln. Sie brauchen diese kleinen Jungpflanzen nur noch abzutrennen und auszugraben. Vor allem ältere Salbei- oder Eberrautenbüsche neigen dazu, Absenker zu bilden.

Denken Sie immer daran, dass die Teilung und der Umzug an einen neuen Platz einen starken Eingriff im Pflanzenleben bedeuten. Wählen Sie für diese Arbeit einen Tag mit bedecktem Himmel. Halten Sie die neuen Kräuter immer feucht und schützen Sie sie vor starker Sonneneinstrahlung. Dann werden sie bald kräftige Wurzeln bilden und sich gut entwickeln.

■ Die Wurzelballen des Schnittlauchs können Sie leicht mit einem Messer durchschneiden.

■ Selbst gezogener Pflanzennachwuchs: Stecklinge von Duftblattgeranien wachsen rasch an.

KRÄUTER ERNTEN UND AUFBEWAHREN

Während des Sommers können Sie aus der ganzen Fülle Ihres Kräutergartens schöpfen: Gewürze und die Zutaten für Tees oder entspannende Bäder stehen frisch und reichlich zur Verfügung. In dieser Zeit des herrlichen Überflusses sollten Sie aber unbedingt an den unaufhaltsam näher rückenden Winter denken. Legen Sie rechtzeitig – wie die Eichhörnchen – Vorräte an. Dann können Sie in der kalten Jahreszeit selbst geernteten Erkältungstee aufgießen, und der getrocknete Beifuß für den weihnachtlichen Gänsebraten steht griffbereit im Gewürzregal. Ernten Sie also einen Teil Ihrer Kräuter für die Vorratshaltung.

Richtiger Zeitpunkt – gute Ernte

Jedes Kraut macht einen ganz individuellen Reifeprozess durch. Es ist deshalb ganz wichtig, dass Sie den optimalen Zeitpunkt für die Ernte kennen. Dann haben die Pflanzen den höchsten Gehalt an wertvollen Inhaltsstoffen angesammelt. Schneiden Sie also nicht irgendwann, wenn es Ihnen gerade in den Tagesablauf passt, sondern dann, wenn der günstigste Zeitpunkt gekommen ist.

Die Entwicklung der Kräuter verläuft in jedem Jahr anders. Sie ist auch, je nach Landschaft, sehr verschieden. Im milden Rheinland blüht die Kamille sicherlich früher als im kalten Westerwald. In regenreichen, kühlen Sommern verzögert sich die Entwicklung ganz allgemein. Ein gutes Beispiel für die Flexibilität der Natur ist das Johanniskraut: Am 24. Juni

ist der Tag des Heiligen Johannes. Nach ihm wurde das Kraut benannt. In dieser Zeit um den 24. Juni soll das Johanniskraut normalerweise blühen und erntereif sein. An dieses starre Datum dürfen Sie sich aber nicht klammern. War der Juni sehr kühl oder liegt Ihr Garten in einer rauen Mittelgebirgslandschaft, dann verschiebt sich die Blütezeit des Johanneskrautes mit Sicherheit weit in den Juli. Verlassen Sie sich also auf Ihre eigenen Beobachtungen und schauen Sie einfach nach, wann die Blüte sich voll entfaltet hat.

Ernten Sie Ihre Kräuter an einem sonnigen Vormittag zwischen 10 und 12 Uhr. Dann ist der Tau der Nacht abgetrocknet, aber die Pflanzen sind noch frisch und gehaltvoll. Wenn Sie länger in sengender Sonne gestanden haben, dann werden die Blätter und Blüten schlaff und kraftlos. Legen Sie die Kräuterernte in einen luftigen Korb und bringen Sie sie rasch in den Schatten. Breiten Sie sie dort locker auf einem Tisch aus. Die empfindlichen Schätze aus dem Kräutergarten müssen nun sobald wie möglich bearbeitet werden.

■ Legen Sie Ihre frisch geschnittene Ernte in einen luftigen Korb. Die empfindlichen Kräuter müssen rasch verarbeitet werden.

Kräuter im Garten

Blätter – Blüten – Samen – Wurzeln

Bevor Sie zur Ernte in den Garten eilen, müssen Sie natürlich genau wissen, welche Pflanzenteile sich zur Konservierung eignen. Bei vielen Kräutern enthalten vor allem die **Blätter** die heil- und würzkräftigen Inhaltsstoffe. Dann schneiden Sie die oberen Zweige der Pflanzen ab, an denen die Blätter jung und zart sind. Zitronenmelisse, Estragon, Bohnenkraut, Ysop, Salbei und Pfefferminze werden so geerntet.

Von anderen Kräutern pflücken Sie nur behutsam die **Blüten** ab. Dieses Erntegut ist besonders empfindlich, es muss sehr sorgfältig behandelt werden. Vor allem Kamille und Ringelblumen bieten Ihnen Ihre wertvollen Blüten an. Auch Lavendelblüten werden getrocknet, die Blüten des Dill dienen als Einmachgewürz. **Sowohl Blüten als auch Blätter** dürfen Sie von diesen Kräutern im Sommer schneiden: Oregano, Thymian und Johanniskraut. **Blütenknospen und Blätter** ernten Sie von Majoran und Beifuß. Bei einigen Kräutern sind die **Samen** das wichtigste Erntegut. Bis

zur Reife der braunen Körner müssen Sie bei Teefenchel und Kümmel warten. Auch vom Dill können Sie Samen ernten. Die **Wurzeln** sind nur bei wenigen speziellen Kräutern heilkräftig. Dazu gehört zum Beispiel der Baldrian.

Bei der Beschreibung der einzelnen Kräuter ab Seite 73 finden Sie unter dem Stichwort »Ernte« immer genaue Hinweise darauf, welche Pflanzenteile zu welchem Zeitpunkt geerntet werden können.

Kräuter trocknen

Das Trocknen ist die gebräuchlichste Konservierungsmethode. Zahlreiche Kräuter können auf diese Weise haltbar gemacht werden. Die frisch geschnittenen Kräuter werden zuerst sorgfältig durchgesehen: Schütteln Sie die Zweige kräftig über einem sauberen Tuch aus. Kleine Tiere, die sich vielleicht noch in Blättern oder Blüten versteckt haben, fallen dann heraus. Sie können sie zurück in den Garten tragen. Nun zupfen Sie alle welken oder kranken Blätter ab. Nur gesunde, frische Kräuter sind für die Konservierung geeignet.

Binden Sie die Zweige zu einem kleinen Sträußchen und hängen Sie sie an einem schattigen, luftigen Platz zum Trocknen auf. Dazu eignet sich zum Beispiel ein nicht benutztes Gästezimmer oder ein sauberer Speicher. Wenn die Kräutersträußchen so dürr geworden sind, dass sie zwischen den Fingern rascheln und zerbröseln, werden Blätter und Blüten vorsichtig abgestreift. Inzwischen geht man immer öfter dazu über, die Blätter frisch geernteter Kräuter von den Stielen

■ Oregano, Minze, Salbei, Kamille, Ringelblumen und viele andere Kräuter eignen sich zum Trocknen. So bleiben sie noch lange haltbar, wenn der Sommer längst vorbei ist.

zu zupfen und ausgebreitet auf Gittern oder Tüchern zu trocknen. Das geht schneller und schont das Aroma.

Auch Kamillenblüten und die abgezupften Blütenblätter der Ringelblumen trocknen Sie behutsam auf Tüchern, die über einen Rost gelegt werden, oder auf den Sieben eines Dörrapparates bei sehr milder Wärme. Sobald sie trocken sind, werden die Blüten in Gläser gefüllt und verschlossen.

Bewahren Sie Ihre getrockneten Kräuter luftdicht verschlossen in Schraubgläsern oder Teedosen auf. Kleben Sie auf diese Gefäße Etiketten, auf denen Sie die Namen der Kräuter und das Datum der Ernte aufgeschrieben haben. Vor allem für Anfänger ist diese Erkennungshilfe wichtig. An einem kühlen, dunklen Ort können die Vorräte ein Jahr lang aufbewahrt werden. Duft, Würze und Heilkräfte bleiben so gut erhalten. Stellen Sie getrocknete Tee- und Heilkräuter niemals in die Sonne, denn dort setzen sehr schnell Abbauprozesse ein!

Die Wurzeln des Baldrians werden ebenfalls getrocknet. Graben Sie von einer starken Pflanze nur so viele Seitenwurzeln aus, wie die Staude ohne Schaden entbehren kann. Diese Wurzelstücke werden unter fließendem Wasser gesäubert und anschließend abgetrocknet. Dickere Wurzeln schneiden Sie einmal in Längsrichtung durch, dünnere können Sie im Ganzen trocknen. Legen Sie sie auf die Siebe eines Dörrapparates oder fädeln Sie sie auf einem Zwirnfaden mit Hilfe einer Stopfnadel

auf. Diese aufgereihten Wurzeln können Sie dann – möglichst katzensicher – auf dem Speicher zum Trocknen aufhängen. Gedörrte Wurzeln lassen sich brechen. Sie werden wie alle anderen getrockneten Kräuter gut verschlossen aufbewahrt.

Samen sammeln

Die Samen von Teefenchel, Dill oder Kümmel werden an einem trockenen Tag geerntet, wenn sie braun und reif sind. Achten Sie sorgsam auf den richtigen Zeitpunkt, sonst fallen die Körner von selbst zu Boden und Sie haben das Nachsehen. Schneiden Sie vorsichtig die ganzen Dolden ab. Über einer breiten Schüssel werden dann die Samenkörner ausgeschüttelt. Achten Sie auf kleine Tiere und andere Verunreinigungen! Samenkörner sind fix und fertig, wenn Sie sie ernten. Sie müssen nicht konserviert werden. Füllen Sie sie gleich in Schraubgläser und bewahren Sie sie dunkel in einem Schrank auf.

Kräuter einfrieren

Von einigen wenigen Kräutern können Sie frische Blätter einfrieren. Das Aroma bleibt bei dieser Methode nur teilweise erhalten. Die aufgetauten Kräuter wirken etwas kraftlos und wässrig. Aber immerhin haben Sie im Winter einen »Abglanz« von Dill oder Petersilie in Ihrer Küche. Bohnenkraut können Sie gut zusammen mit grünen Bohnen einfrieren.

Kräuter in Essig und Öl

Zu den ältesten Konservierungsmethoden in der Geschichte der Menschheit gehört das Einlegen in Essig und Öl. Beide Substanzen verhindern erfolgreich die Entwicklung von Fäulnisbakterien. Außer so bekannten Produkten wie Oliven, Tomaten, Gurken und Fischen können Sie auch einige Kräuter auf diese Weise haltbar machen. Dabei entstehen heilkräftige Öle für die Hausapotheke oder würzige Spezialitäten für die Küche.

■ Binden Sie die Kräuter mit Bast oder einer dünnen Kordel zu lockeren Sträußchen.

■ An einem luftigen, schattigen Platz wird die würzige Ernte zum Trocknen aufgehängt.

Kräuter im Garten

Kräuter-Öle werden nach diesem Grundrezept hergestellt: Glasflaschen müssen mit heißem Wasser gereinigt und sorgfältig getrocknet werden. Dann füllen Sie ein bis zwei Hände voll ausgewählter Kräuter, die ebenfalls gereinigt sind, in die Gefäße. Es ist ganz wichtig, dass die Blätter und Blüten äußerlich völlig trocken sind, sonst kann das Öl schimmeln. Auch mit getrockneten Kräutern lässt sich ein Würzöl ansetzen. Zum Schluss gießen Sie durch einen Trichter ein gutes, kalt geschlagenes Olivenöl darüber. Wichtig ist, dass alle Pflanzenteile vom Öl bedeckt sind! Stängel oder Blätter, die über die Flüssigkeit herausragen, werden faulen und den Ansatz verderben. Wenn alle Zutaten eingefüllt sind, verschließen Sie die Flaschen fest mit einem Korken oder einem Schraubverschluss.

Stellen Sie Ihr Kräuter-Öl auf eine sonnige Fensterbank und schütteln Sie die Flasche jeden Tag einmal kräftig durch. Nach drei bis sechs Wochen sind die wertvollen Inhaltsstoffe der Kräuter unter dem Einfluss der wärmenden Sonnenstrahlen in das Öl übergegangen. Nun können Sie das duftende Kräuter-Öl abfiltern. Es sollte von nun an in gut verschließbaren Flaschen kühl und dunkel aufbewahrt werden.

Zu den Heilkräutern, die Sie in Öl ansetzen können, gehören vor allem Johanniskraut, Ringelblumen und Lavendel. Würzige Öle für die Küche können Sie aus Basilikum, Bärlauch, Rosmarin, Thymian und Pfefferminze herstellen.

Kräuter-Essig ist im Handumdrehen angesetzt. Füllen Sie die Kräuter, die Sie ausgewählt haben, in saubere, trockene Flaschen. Sie können dafür Blätter, Blüten und ganze Zweige verwenden. Die Kräuter werden mit einem guten Weinessig übergossen, sodass alle Pflanzenteile ganz bedeckt sind.

■ Die Kräuter aus Ihrem Garten bieten Ihnen ganz verschiedene Pflanzenteile zur Ernte an: Blätter, Blüten oder Samen. Sie werden zu unterschiedlichen Zeiten gesammelt.

Wie beim Kräuter-Öl werden die verschlossenen Flaschen auf eine sonnige Fensterbank gestellt und jeden Tag kräftig geschüttelt. Bereits nach zwei bis drei Wochen ist der Kräuteressig fertig. Sie können ihn abfiltern oder die Zutaten, solange sie noch vollständig bedeckt sind, als dekorative Elemente in der Flüssigkeit schwimmen lassen.

Kräuter-Essig bleibt viele Jahre haltbar. Er eignet sich auch als hübsches Mitbringsel für begeisterte Kräuter-Köchinnen oder -Köche. Die folgenden Kräuter können Sie einzeln oder gemischt für Kräuter-Essig verwenden: Basilikum, Dill, Kapuzinerkresse und Estragon.

Rezepte für verschiedene Kräuter-Öle und Kräuter-Essig finden Sie im Kapitel »Kräuter-Rezepte« ab Seite 66.

■ Duft und Würze eines langen Sommers sind für die kalte Jahreszeit konserviert worden: Aromatischer Kräuter-Essig für die Küche, heilkräftiges rotes Johanniskraut-Öl für die Hausapotheke und getrocknete Kräuter für den Winter-Tee.

Kräuter im Topf

KRÄUTER AUF BALKON UND TERRASSE

Leben in Töpfen, Kübeln und Kästen

Ein Garten ist nicht jedem vergönnt. Aber auf das Zusammenleben mit Pflanzen, das so viele Freuden schenkt, muss niemand verzichten. Das »grüne Glück« lässt sich auch auf begrenztem Raum verwirklichen. Ein Balkon, eine Terrasse oder ein Innenhof reichen aus, um ein kleines, blühendes Paradies zu gestalten. Dazu gehören nicht nur farbenfrohe Sommerblumen – auch Würz- und Heilpflanzen gedeihen bereitwillig in luftiger Balkonhöhe oder auf der Reihenhaus-Terrasse. Notfalls reicht auch eine Fensterbank aus, um ein kleines Küchenkräutersortiment zu pflegen. Ein Kräutergärtchen in Töpfen, Kübeln und Kästen ist eine wunderbare Möglichkeit, trotz begrenzter Verhältnisse frische Gewürze oder Teekräuter ernten zu können.

Gute Bedingungen für gesundes Wachstum im Topf

In Gefäßen aus Ton, Holz oder Kunststoff wachsen die gleichen Kräuter wie im Garten. Aber die Lebensbedingungen unterscheiden sich natürlich. In Kübeln oder Töpfen steht verhältnismäßig wenig Erde zur Verfügung. Wasser und Dünger werden rascher verbraucht als auf dem großen Gartenbeet. Deshalb sind Salbei,

■ Links: Ein Platz an der Sonne: Auf einer Treppe können Sie viele Kräutertöpfe unterbringen – und keine Pflanze beschattet die andere.
■ Oben: Thymian und Salbei lieben warme, windgeschützte und sehr helle Plätze an einer Hauswand.

Kräuter im Topf

Schnittlauch oder Rucola unter diesen eng begrenzten Verhältnissen ganz besonders auf die Fürsorge ihres Gärtners angewiesen.

Wenn Sie an heißen Sommertagen Ihre Kräuter auf dem Balkon oder Terrasse zwei Tage lang vergessen, dann sind sie vertrocknet. Weder ein Wolkenbruch noch Kannen voller Gießwasser können sie wieder zum Leben erwecken! Andererseits sind die normalen Pflegearbeiten weder besonders aufwendig noch kompliziert. Wichtig ist nur, dass sie regelmäßig und zur rechten Zeit ausgeführt werden.

Die Wahl der Gefäße

Das Leben im mobilen Kräutergärtchen beginnt mit der richtigen Wahl der Gefäße. Sie sollten den Wachstumsbedingungen der Pflanzen gerecht werden, aber auch zu den Gegebenheiten des Standortes passen. Wenn Sie auf einem Balkon gärtnern, müssen Sie die Belastbarkeit bedenken. Feuchte Erde hat ein beachtliches Gewicht. Große Tontöpfe sind bereits ohne Füllung sehr schwer.

Wenn Sie nicht sicher sind, ob Ihr Balkon die Belastung aushält, dann sollten Sie vorsichtshalber den Hausbesitzer oder einen Statiker zu Rate ziehen. Kleinere Töpfe sind normalerweise kein Problem. Kästen, die am Geländer aufgehängt werden, müssen sachgemäß befestigt werden, damit sie nicht »abstürzen«. Größere Kübel stellen Sie besser nicht am äußeren Rand des Balkons, sondern an der Hauswand auf. Kunststoffgefäße sind viel leichter als Tontöpfe. Bei größerem Platzbedarf empfiehlt es sich, in luftiger Höhe die »Plastik-Variante« zu wählen. Terrakotta hat natürlich eine andere Ausstrahlung, aber im Zweifelsfall sollte die Sicherheit vorgehen.

Solche Probleme brauchen Sie auf einer Terrasse oder im Innenhof nicht zu bedenken. Hier trägt der feste, sichere Grund alle Gefäße, die Ihnen gefallen. Grundsätzlich gilt aber: Suchen Sie Töpfe, Kästen oder größere Kübel nach den Bedürfnissen der Pflanzen aus, die darin leben sollen. Zahlreiche ein- oder zweijährige Kräuter benötigen zum Beispiel keinen allzu großen Wurzelraum. Für ihr kurzes Leben reichen normale Balkonkästen oder mittelgroße Töpfe aus. Staudenkräuter, die mehrere Jahre in ihren Gefäßen bleiben, bilden auch umfangreichere Wurzeln aus. Große Töpfe oder Kübel bieten ihnen einen besseren Lebensraum. Natürlich können Sie Liebstöckel, Lavendel oder Salbei auch ab und zu von kleineren in größere Gefäße umsetzen.

So wird der Topfgarten vorbereitet

Neue Tongefäße müssen vor dem ersten Gebrauch ein paar Stunden

■ Im Frühling dient der Gartentisch zeitweise als Arbeitsplatz. Hier können Kräuter bequem ausgesät oder in große Töpfe umgepflanzt werden.

gewässert werden, damit sie porentief feucht sind. Andernfalls zieht der Ton in der ersten Zeit zu viel Wasser aus der Erde. Ältere Gefäße sollten Sie in einem Eimer voll Wasser mit einer alten Nagel- oder Spülbürste gründlich reinigen. Bei hartnäckigen Rückständen hilft heißes Wasser.

Stellen Sie die Gefäße nun an den vorgesehenen Platz; später, wenn sie mit Erde gefüllt sind, fällt der Transport viel schwerer! Bei großen Kübeln kann es hilfreich sein, flache Latten unter den Boden zu legen. So entsteht ein kleiner Zwischenraum und überschüssiges Gießwasser kann immer gut abfließen. Dieser Hohlraum hält auch Ameisen davon ab, sich im Topf mit ihrer Brut gemütlich einzurichten.

Nun legen Sie noch Topfscherben oder flache Kieselsteine auf alle Abflusslöcher am Boden der Gefäße. So sind diese vor Verstopfung geschützt. Nach diesen Vorbereitungen können Sie endlich Erde in Ihre Töpfe und Kästen füllen.

Balkongärtner müssen meist auf käufliche Substrate zurückgreifen. Leider enthalten diese Produkte oft einen hohen Torf- anteil; und dieses Substrat kann nur aus den immer seltener werdenden Hoch- mooren gewonnen werden. Es gibt aber inzwischen sehr gute torffreie Erden auf dem Markt, die Mischungen mit Kompost, Kokosfasern oder Rinden- humus enthalten. Torffreie Substrate können mit Mineraldüngern versetzt sein. Wenn Sie Ihre Kräuter organisch düngen möchten, dann wählen Sie eine »Bio«-Erde ohne Torf. Es gibt auch spe-

zielle Kräutererden, die weniger Nähr- stoffe enthalten als normale Topferden.

Wenn Sie Ihren mobilen Kräutergarten auf der Terrasse Ihres Hauses anlegen, haben Sie vielleicht Kompost aus dem eigenen Garten zur Verfügung. Dann können Sie Ihre eigene Erdmischung aus reifem Kompost, Sand, Kokosfasern und Rindenhumus herstellen.

Auch Tongranulate (z. B. »Seramis«) oder Blähton sind hilfreich. Sie lockern den Hu- mus auf und verhindern, dass sich in den Gefäßen die Erde beim Gießen mit der Zeit verdichtet. Streuen Sie also ein paar Hände voll davon in das Pflanzsubstrat und mischen Sie alles gründlich unter.

Wenn alle Gefäße mit Erde gefüllt sind, ist das »Bett« für die Samenkörner und

■ Alles steht bereit: Ab Mitte Mai, wenn es warm genug ist, können alle Kräuter auch auf dem Balkon und der Terrasse ausgesät oder gepflanzt werden.

Pflanzen gerichtet. Es kann endlich los- gehen!

Säen und Pflanzen

Die wichtigsten Regeln für die Aussaat der Kräuter im Garten gelten natürlich auch für den Topfgarten. Da der Platz aber begrenzt ist, müssen Sie sehr darauf achten, nicht zu dicht zu säen. Zu eng stehende Sämlinge sollten später ausgelichtet werden, das heißt, überzäh- lige Pflänzchen ziehen Sie einfach aus der Erde heraus. Die Samen mancher Kräuter bekommen Sie im Fachhandel auch in Form von Saatbändern. Die Körnchen sind dann bereits im richtigen Abstand eingelassen. Für Anfänger erleich- tert diese sichere Methode die Aussaat.

Mit robusten Kräutern dürfen Sie bei frostfreier Witterung ab April mit der Aus- saat beginnen, wärmebedürftige Arten säen Sie erst ab Mitte Mai aus.

Kresse, Kerbel, Petersilie, Majoran, Bohnenkraut, Basilikum und Rucola gedeihen gut in Gefäßen. Diese klein- wüchsigen Sommerkräuter können Sie in Schalen, mittelgroßen Töpfen oder breiten Kästen aussäen. Säen Sie sie reihenweise oder breitwürfig in die vorbereitete Erde. Decken Sie die Saat dann mit Erde zu und gießen Sie vor- sichtig mit feiner Brause an.

Für Dill brauchen Sie einen hohen Topf, damit das Kraut seine langen Pfahlwur- zeln tief einsenken kann. Besonders kräftig wächst der Borretsch. Er entwickelt sich zu einer prächtig blühenden Pflanze, wenn Sie ihm ein möglichst großes

Kräuter im Topf

Gefäß zur Verfügung stellen. Lassen Sie darin nur zwei bis drei Sämlinge wachsen. Die Kapuzinerkresse säen Sie am besten an den Rand eines Kastens oder eines Kübels, damit sie ihre langen blühenden Ranken herunterhängen lassen kann.

Für Staudenkräuter, die mehrere Jahre in einem Gefäß leben können, wählen Sie – je nach Art – große Töpfe oder Kübel aus. Dann haben zum Beispiel Lavendel, Salbei, Eberraute, Oregano, Agastache, Estragon, Fenchel, Liebstöckel, Sauerampfer und Rosmarin genügend Wurzelraum, um sich gesund zu entwickeln.

Schnittlauch, Winterheckezwiebel und Thymian sind auch mit kleineren Gefäßen zufrieden. Ihnen genügt ein geräumiger Blumenkasten. Pfefferminze wurzelt flach, bildet aber ausgedehnte Ausläufer. Setzen Sie sie in lange Kästen oder große Schalen. Eine Sammlung abwechslungsreicher Duftblattgeranien können Sie in Töpfen halten. Stark wachsende Arten oder Sorten werden im Frühling zurückgeschnitten und nach Bedarf in größere Töpfe umgesetzt.

Pflanzen Sie alle vorgezogenen langlebigen Kräuter nur im Frühling in die Gefäße. Dann sind die Wachstumsbedingungen günstig. Eine Herbstpflanzung ist nicht empfehlenswert, weil der bald folgende Winter für Topfpflanzen eine schwierige Jahreszeit ist. Nur wenn sie bereits längere Zeit gut eingewurzelt sind, haben ausdauernde Staudenkräuter wie zum Beispiel Lavendel oder Salbei gute Chancen, Frost und Schnee unbeschadet zu überstehen.

Mischen Sie, bevor Sie die kleinen Kräuter in die Erde senken, eine Hand voll grober Hornspäne unter das Pflanzsubstrat. Dieser langsam wirkende Vorratsdünger versorgt die Stauden über längere Zeit mit Nahrung. Wählen Sie für die Pflanzung einen bedeckten, feuchten Tag, dann haben es die vorgezogenen Kräuter leichter, Fuß zu fassen. Gießen Sie zum Schluss behutsam, aber gründlich mit temperiertem Wasser an.

In den folgenden Wochen dürfen die Pflanzen in Ihrem Topfgarten niemals unter starkem Durst leiden! Intensive Sonneneinstrahlung und Trockenheit bedeuten großen Stress für zarte Wurzeln, die sich noch nicht richtig im neuen Boden ausgebreitet haben.

■ Kräuter wie Dill, Kerbel, Kamille, Koriander oder Rauke sät man gleich an ihrem endgültigen Platz aus.

Bedenken Sie, dass es diese Wurzeln sind, die die ganze Pflanze mit Flüssigkeit und Nahrung versorgen müssen! Dann werden Sie auch nicht vergessen, die Erde stets liebevoll feucht zu halten.

Pflege im Sommer

Anfangs brauchen Sie nur auf **gleichmäßige Feuchtigkeit** in Ihren Töpfen und Kästen zu achten, dann können Sie Ihren Pflanzen fast beim Wachsen zuschauen. Später kommen weitere Pflegearbeiten hinzu. **Lockern** Sie die Erde ab und zu auf, damit sie nicht verkrustet. Stark wachsende Kräuter bekommen im Sommer noch einmal etwas **Dünger.** Ein wenig feingemahlenes Hornmehl oder ein Guss organischer Flüssignahrung genügen.

Falls **Unkrautsämlinge** keimen, zupfen Sie sie rechtzeitig heraus. Wachsen sie höher, entwickeln sie sich bald zu Konkurrenten, die viel Wasser und Nahrung verbrauchen. Schauen Sie trotzdem zuerst einmal genau hin, bevor Sie alles ausreißen. Manchmal verirrt sich mit der Pflanzerde auch ein willkommener Sämling in den Topf: eine Ringelblume, Mutterkraut oder wilder Mohn. Wenn das Gefäß groß genug ist und die Konkurrenz nicht zu stark wird, dann entstehen aus solchen Zufallskombinationen manchmal die anmutigsten Sommerbilder. Das strahlende Sonnengelb der Ringelblume (*Calendula officinalis*), leuchtend roter Klatschmohn (*Papaver rhoeas*) oder der weiße Blütenschleier des Mutterkrautes (*Tanacetum parthenium*) lockern das duftende Grün des Kräutergärtchens mit heiteren Akzenten auf. »Mischkultur im Blumentopf« kann überraschend reizvoll sein!

Bei einigen Kräutern müssen Sie darauf achten, die **Blütenansätze rechtzeitig herauszuschneiden.** Dann verzweigen sich die Pflanzen und schenken Ihnen mehr Blätter zum Würzen. Diese Pflegemaßnahme ist wichtig bei Basilikum, Kerbel, Estragon, Melisse und Pfefferminze. Bei Schnittlauch, Winterheckezwiebel, Pimpinelle und Sauerampfer werden die Blütenstände entfernt, damit sich die Pflanzen regenerieren und nicht zu viel Kraft in Blüten und Samen investieren. Auch bei der Rauke sollte man

die Blüte so lange wie möglich verhindern, um über einen längeren Zeitraum Blätter ernten zu können.

Bei anderen Kräutern gehört die Blüte zum wertvollen Erntegut. Sie darf sich deshalb voll entfalten. Bohnenkraut, Borretsch, Dill, Kamille, Kapuzinerkresse, Majoran, Ringelblumen, Johanniskraut, Lavendel, Oregano, Winterportulak und Beifuß dürfen deshalb den Kräutergarten mit ihren Blüten schmücken. Pflanzen, deren **Samen** geerntet werden sollen, müssen natürlich ebenfalls blühen. Fenchel, Kümmel und Dill gehören in diese Gruppe.

Das kleine Kräuterparadies auf dem Balkon oder auf der Terrasse ist aber sicher kein reiner »Nutzgarten«. Deshalb müssen Sie diese Regeln nicht streng einhalten. Gönnen Sie sich selbst und den fliegenden Sommergästen doch einige **Extrafreuden:** Die runden Blütenkugeln der Winterheckezwiebel und auch die hübschen lila-rosa Blüten des Schnittlauchs locken Scharen von Bienen an. Die Zitronenmelisse trägt nicht umsonst die volkstümlichen Namen »Bienenfang« und »Immenkraut«. Und wenn die Pfefferminze blüht, wird sie von seligen Schmetterlingen umgaukelt. Wenn Sie ein großzügiges

■ Fast alle Staudenkräuter gedeihen sehr gut in geräumigen Kübeln und Kästen. Minze, Lavendel und Thymian bilden innerhalb eines Sommers kräftige Büsche, wenn sie regelmäßig gegossen und gelegentlich gedüngt werden.

Kräuter im Topf

Herz haben und Ihre Kräuterfreuden mit anderen Geschöpfen teilen möchten, dann schließen Sie am besten einen freundlichen Kompromiss: Schneiden Sie nur einen Teil der Pflanzen zurück und lassen Sie immer ein paar Zweige blühen.

Erst im späten **Herbst** wird es Zeit, einige Staudenkräuter ganz zurück zu **schneiden.** Dies sind diejenigen Arten, die im Wurzelstock überwintern, die oberirdischen Pflanzenteile vertrocknen und erfrieren. Dazu gehören Agastache, Baldrian, Beifuß, Estragon, Oregano, Johanniskraut, Liebstöckel, Zitronenme-

lisse und Pfefferminze. Diese Kräuter treiben im nächsten Frühling frisch aus. Kräuter, die mit den Jahren kleine verholzende Sträucher bilden, dürfen erst im **Frühling** geschnitten werden. Dann kürzen Sie sie behutsam etwas ein und entfernen altes oder erfrorenes Holz. In diese Gruppe gehören vor allem Salbei, Lavendel, Thymian, Eberraute und Ysop.

Einige zweijährige Kräuter – vor allem die Petersilie – bleiben **im Winter grün**. Sie können davon noch lange ernten. Für die einjährigen Gewürz- und Heilpflanzen schließt sich der Lebenskreis mit dem ersten starken Frost. Borretsch,

Kapuzinerkresse und viele andere erfrieren. Ihre Überreste wandern – wenn möglich – auf einen Komposthaufen. Im nächsten Frühling erwachen sie aus unzähligen Samenkörnern zu neuem Leben.

Schutz im Winter

Einige wenige Kräuter müssen Sie vor dem ersten Kälteeinbruch ins sichere Haus bringen. Rosmarin und Duftblattgeranien überwintern am besten in einem kühlen aber **frostfreien Raum** mit möglichst viel Licht. Ein Gewächshaus oder ein Wintergarten wären ideal. Ein ungeheiztes Treppenhaus oder eine Waschküche mit Fenster, ein kühles Schlaf- oder Gästezimmer können aber ebenfalls als Überwinterungsquartier dienen. Vergessen Sie auch im Haus niemals zu gießen! Die Pflanzen brauchen aber nur wenig Feuchtigkeit während der Wintemonate. Merken Sie sich als Regel: **Je kühler der Standort, desto weniger Wasser wird verbraucht.** Ist der Winterplatz notgedrungen etwas wärmer, dann müssen Sie etwas öfter gießen – aber immer mit Maß und Vorsicht.

Duftblattgeranien schneiden Sie im Frühling zurück und topfen sie bei Bedarf in größere Gefäße um. Die Pflanzen treiben dann wieder neu aus. Der Rosmarin wird nur vorsichtig eingekürzt und – falls der Topf durchwurzelt ist – in ein größeres Gefäß umgesetzt.

Wenn Sie das Basilikum zum Sommerende rechtzeitig ins Haus holen, dann können Sie die wunderbar würzigen

■ Rosmarin-Hochstämmchen sollten immer frostfrei überwintert werden. Ideal ist ein helles Winterquartier mit Temperaturen kurz über dem Nullpunkt.

Blätter noch ein paar Wochen lang ernten. Stellen Sie den Topf auf eine warme, helle Fensterbank. Auch der Schnittlauch schenkt Ihnen noch ein paar grüne Halme für das winterliche Rührei. Stellen Sie dieses Kraut aber auf eine kühlere Fensterbank.

Ausdauernde Kräuter, die während der kalten Jahreszeit draußen in ihrem Topf bleiben, benötigen einen besonderen Schutz. Rücken Sie möglichst alle Gefäße an eine schützende Wand. Kästen werden abgehängt und ebenfalls nahe ans Haus gestellt. Frostgefährdet sind nicht nur einige Pflanzen sondern auch die Gefäße. Kunststofftöpfe, Holzkübel und frostsichere Terrakotta überstehen den Winter unbeschadet. Gefährdet

sind nur einfache Tontöpfe und Keramikgefäße. Unter starkem Frost leiden aber auch die Wurzeln der Pflanzen, weil die Erde in Töpfen und Kästen viel stärker durchfriert als im Garten. Feuchtigkeit wird dann zur Mangelware.

Legen Sie unter alle Gefäße im Winterquartier dicke Pappe, Styroporplatten oder Stroh. Damit verhindern Sie, dass die Töpfe am Boden festfrieren. Packen Sie dann die einzelnen Gefäße warm ein. Vlies, Noppenfolie oder einfach dicke Lagen Zeitungspapier eignen sich dazu. Auch die Lücken zwischen den Töpfen werden mit Papier oder Holzwolle zugestopft. Vergessen Sie aber auch im Winter nie: Die Pflanzen in den Töpfen leben! Wenn

der Boden nicht gefroren ist, muss gegossen werden, damit die Erde nicht austrocknet. Die wenigsten Pflanzen erfrieren im Winterquartier – die meisten verdursten!

Wenn Ihr winterlicher Topfgarten einen hübschen Anblick bieten soll, dann wickeln Sie die großen Kübel zusätzlich mit Sackleinen und einem dicken Kokosstrick ein. Stecken Sie zum Schluss zwischen Lavendel, Salbei und Ysop noch ein paar Kiefern- oder Fichtenzweige als wärmenden Schutz. Eine glitzernde Rosenkugel oder ein hölzerner Stern schenken Ihrem still ruhenden Kräutergärtchen ein wenig weihnachtliche Stimmung und hoffnungsvolles Leuchten. Dann dürfen die ersten Schneeflocken fallen.

■ Wenn Staudenkräuter im Freien überwintern, brauchen die Töpfe eine schützende Hülle.

■ Damit die Erde nicht so rasch einfriert, kann man die Kräutertöpfe in mit Laub gefüllte Körbe oder Wannen stellen. Kork- oder Styropor-Platten unter den Gefäßen schützen die Wurzeln vor der Kälte aus dem Boden.

Kräuter im Topf

DAS AROMA DES SÜDENS

■ Von Thymian über Melisse bis hin zu Rosmarin und Lorbeer – dieser Kräutergarten auf dem Balkon bietet ein reichhaltiges Sortiment auf begrenztem Raum.

Kräuter für sonnige Terrassen und Balkone

Wo die Sonne lange scheint, da haben Sie auf Balkonen, Terrassen oder Innenhöfen die große Auswahl: Die schönsten Kräuter des Südens gedeihen hier. Auch die meisten »normalen« Gewürzpflanzen entwickeln sich besonders gut, wenn sie von Licht und Wärme verwöhnt werden. Aber je größer die Wahlmöglichkeiten sind, desto schwerer fällt die Entscheidung. Vor allem für Anfänger ist es schwierig, aus der Fülle des Angebotes diejenigen Pflanzen herauszusuchen, die am besten zusammenpassen.

Wer nur einen Balkon zur Verfügung hat, der möchte sich im Sommer nicht nur an Duft und Würze, sondern auch an schönen Blüten erfreuen. Beides lässt sich wunderbar kombinieren. Scheuen Sie sich nicht, zwischen die Kräuter ein paar Sommerblumen zu setzen, die Ihre Kästen viele Wochen lang mit leuchtenden Blüten schmücken. Es gibt aber auch unter den Kräutern selbst zahlreiche Arten, die reich und farbenfroh blühen. Beide Möglichkeiten sind in den folgenden Beispielen miteinander vermischt. Suchen Sie sich diejenigen Vorschläge heraus, die Ihnen am besten gefallen und die auf Ihrem Balkon oder Ihrer Terrasse Platz finden.

Verwenden Sie breite, geräumige Kästen, mindestens einen Meter lang, in denen Sie doppelreihig pflanzen können. Ein oder zwei große Kübel bieten Platz für größere und langlebige

Kräuter. Einige einzelne Gewürz- oder Heilpflanzen in Töpfen oder Schalen lassen sich beliebig in das Ensemble einordnen.

Pflanzvorschläge

① Würzig-warmes Sommer-Aroma

Diese Bepflanzung vereint Kräuter und Blumen mit intensiven Aromen. Am äußeren Rand blühen und duften die südländischen Gewürzkräuter **Oregano** *(Origanum vulgare)* und **Thymian** *(Thymus vulgaris)*. Dahinter in der zweiten Reihe pflanzen Sie tiefviolett blühenden **Heliotrop** *(Heliotropium arborescens)* und kleinblütige, leuchtend gelbe **Gewürztagetes** 'Lemon Gem' *(Tagetes tenuifolia)*. Die Duftmischung von süßer Vanille und herbem Zitronenaroma wird Sie faszinieren!

Oregano und Thymian sind winterhart, Tagetes erfrieren, Heliotrop können Sie kühl überwintern.

② Blütensinfonie in Gelborange, Weiß und Himmelblau

Am äußeren Rand säen Sie rankende **Kapuzinerkresse** *(Tropaeolum majus)* aus. Dahinter pflanzen Sie seitlich zwei bis drei **Ringelblumen** *(Calendula officinalis)*, in der Mitte säen Sie **Kamille** *(Matricaria recutita)*, an der Außenseite ein paar Samenkörner der '**Jungfer im Grünen**' *(Nigella damascena)*. Diese zarte Sommerblume ist mit dem Kreuzkümmel verwandt und passt

■ Mit Sommer-Aroma: würzig duftender, farbenfroher Kräutertraum aus Oregano, Thymian, Heliotrop und Tagetes.

■ Blütenreicher Kräutersommer mit Kapuzinerkresse, Kamille, Ringelblumen und Jungfer im Grünen.

gut in die Gesellschaft der Kräuter. Himmelblaue Blüten, bizarre Samenkapseln und essbare Samenkörner machen die »Jungfer« für Kräutergärtner attraktiv. Alle Pflanzen dieses Kastens sind einjährig. Falls Sie kleinere Gefäße verwenden, müssen Sie die Auswahl entsprechend reduzieren. In der zweiten Reihe säen Sie dann zum Beispiel nur Kamille und Jungfer im Grünen.

③ Mittelmeer-Flair in Weiß-Blau

Urlaubsbilder aus der Provence oder der Toskana werden geweckt, wenn Sie

■ Kontrastreich blühen Thymian, Salbei und Ysop in Dunkelrosa und Lilablau.

diese Mischung wählen. Verteilen Sie die Pflanzen versetzt in einem geräumigen Kasten: Zwei **Lavendel** (*Lavandula angustifolia*) 'Hidcote Blue' mit tiefvioletten Blüten, eine **Zwergrose** 'Schnee-Küsschen', weiß mit gelben Staubgefäßen, zwei bis drei buntblättrige **Salbei** (*Salvia officinalis*) 'Purpurascens' mit purpurvioletten und 'Icterina' mit gelb-grün gefleckten Blättern. Alle Pflanzen in diesem Kasten sind winterhart und mehrjährig.

Für Köche und Katzen – Lust auf Duft und Würze

Diese Bepflanzung vereint Küchenfreuden und Schnupperglück. Sie eignet sich gut für Anfänger. Säen Sie in der Mitte des Kastens je eine Reihe **Majoran** (*Origanum majorana*) und **Bohnenkraut** (*Satureja hortensis*). Rechts und links an den Seiten pflanzen Sie je eine **Katzenminze** (*Nepeta* × *faassenii*), die den Kasten mit duftenden silbergrauen Blättern und lila Blüten schmücken. Die Katzenminze ist eine winterharte Staude. Majoran und Bohnenkraut sind einjährig.

Von A wie Anis bis Z wie Zitronenmelisse

Drei wunderbare Duft- und Würzstauden füllen einen großen Kübel: **Anis-Ysop** (*Agastache foeniculum*) mit lila Blüten und Blättern, die nach Anis schmecken, **Eberraute** (*Artemisia abrotanum*), ein kleiner Strauch mit herb-aromatischen, filigranzarten Blättern, und die **Zitronenmelisse** (*Melissa officinalis*), die ein frisches Zitronenaroma in ihren

■ Duftender Lavendel, buntblättriger Salbei und eine weiße Zwergrose verbreiten südliche Stimmung.

Blättern verbirgt. Diese Kräuter sind mehrjährig und sehr unkompliziert. Die Blüten locken Bienen und Schmetterlinge an.

④ Duftstarke Grüße aus dem sonnigen Süden

Diese kräftigen Kräuter aus dem Süden bilden mit den Jahren kleine, verholzende Sträucher. Pflanzen Sie im Hintergrund einen **Salbei** (Salvia officinalis), in der Mitte einen **Ysop** (Hyssopus officinalis), ringsum **Zitronenquendel**, 'Purple Beauty' (Thymus serpyllum). Mit seinen dunkelrosa Blüten bildet er einen schönen Kontrast zu den blauen Rispen von Salbei und Ysop. Alle Pflanzen sind mehrjährig und robust.

In Einzeltöpfen

Rosmarin (Rosmarinus officinalis) halten Sie am besten einzeln in Töpfen, damit Sie dieses kräftig duftende Würzkraut problemlos zur Überwinterung ins Haus holen können.

Basilikum (Ocimum basilicum) muss jedes Jahr neu ausgesät werden. Versetzen Sie die Sämlinge in mittelgroße Töpfe oder Schalen. Je größer der Wurzelraum, desto üppiger entwickelt sich das herrlich aromatische Kraut. Versuchen Sie es außer mit dem verbreiteten großblättrigen grünen Basilikum auch einmal mit rotlaubigen Sorten oder Spezialitäten wie Zimtbasilikum oder Zitronenbasilikum.

MANCHE LIEBEN ES GEMÄSSIGT

Kräuter für halbschattige Situationen

Wenn Ihr Topfgarten im Bereich der Morgen- oder Abendsonne liegt, dann bietet er vor allem heimischen Kräutern gute Lebensbedingungen. Sie lieben es hell, aber nicht zu heiß. Probieren Sie es einmal mit Vorschlägen auf den nächsten Seiten, die vor allem schmackhafte Kräuter für die Küche enthalten. Wenn Ihnen die Topfgärtchen zu grün vorkommen,

■ Ein Tongefäß mit seitlichen Pflanztaschen bietet Platz für viele Kräuter.

■ Niedriger Oregano mit Thymian, Salbei und Bronzefenchel in einem großen Topf.

■ Bereit zur Ernte: Basilikum, Sauerampfer und Rucola in einer Schale.

dann können Sie Ihre Kästen auf dem Balkon abwechselnd mit Kräutern und Blumen bepflanzen. Auf der Terrasse stellen Sie einfach Kübel mit Sommerblumen zwischen die Würzpflanzen.

Pflanzvorschläge

Rucola – Favorit der Sommerküche

Rucola oder **Rauke** *(Eruca sativa)* füllt einen ganzen Kasten. Säen Sie dieses rasch wachsende, einjährige Kraut in zwei Reihen aus. Die würzigen Blätter können über Wochen geerntet werden. Sie sind unentbehrlich für sommerliche Vorspeisen und Salate. Später bilden die

■ Die kräftig wachsenden Küchenkräuter Estragon, Sauerampfer und Pimpinelle brauchen einen großen Topf.

cremeweißen Blüten einen hübschen Blickfang. Sie sind essbar und können dekorativ über die Speisen gestreut werden.

Zwiebliges im Kasten – einfach aber köstlich

Pflanzen oder säen Sie je eine Reihe **Schnittlauch** *(Allium schoenoprasum)* und **Winterheckezwiebel** *(Allium fistulosum)* in einen Kasten. Diese beiden klassischen Gewürzkräuter sind winterhart und ganz unkompliziert. Sie können viele Monate lang davon ernten. Wenn Sie einen Teil der Pflanzen blühen lassen und sie erst später zurückschneiden, können Sie sich an diesem hübschen Anblick erfreuen und gleichzeitig Insekten anlocken.

5 Alles Minze – Erfrischendes für die Teestunde

Die ausdauernde **Pfefferminze** *(Mentha)* braucht viel Platz – Konkurrenz ist unerwünscht. Pflanzen Sie sie deshalb allein in einen großen Kasten. Außer der weitverbreiteten **Teeminze** *(Mentha × piperita* 'Mitcham'*)* könnten Sie es auch mit Spezialitäten wie der türkischen **Naneminze** *(Mentha spicata* 'Crispa'*)* oder der **Ananasminze** *(Mentha suaveolens* 'Variegata'*)* versuchen, die Ihnen mit hübschen grün-weiß gefleckten Blättern entgegenleuchtet.

6 Delikat französisch – klassisch deutsch

Eine sehr dauerhafte Bepflanzung, an der Sie jahrelang Freude haben, findet in

■ Die Pfefferminze braucht viel Wasser und füllt mühelos einen ganzen Kasten.

einem großen Kübel Platz: **Französischer Estragon** *(Artemisia dracunculus)* sollte im Hintergrund stehen, in der Mitte pflanzen Sie einen **Sauerampfer** *(Rumex rugosus)*, am Rand können zwei bis drei Stauden der **Pimpinelle** *(Sanguisorba minor)* stehen. Der Estragon ist ein begehrtes Feinschmeckergewürz. Sauerampfer und Pimpinelle gehören zu den seit Jahrhunderten genutzten heimischen Kräutern. Die Blätter dieser drei Stauden verfeinern Soßen und Salate.

Knoblauchduft im großen Topf

Bärlauch *(Allium ursinum)* kann zwei bis drei Jahre in einem geräumigen Topf wachsen. Die Blätter sind begehrt für die feine Kräuterküche. An den weißen Blüten können Sie sich nach der Ernte erfreuen. Spätestens nach drei Jahren sollten Sie diesem Kraut »die Freiheit schenken« und es in einem Garten auspflanzen.

Kresse-Schale – kinderleicht

Ganz einfach ist die Aussaat von **Kresse** *(Lepidium sativum)*. In einer Schale wächst das einjährige Kraut rasch heran. Schneiden Sie die zarten Blätter, solange sie jung und frisch sind.

DAS IST SPITZE: BLÜTEN FÜR DIE KÜCHE

Früher war es einfach üblich, heute ist es etwas Besonderes, wenn Blüten in der Küche verwendet werden. Manche essbare Schönheit findet auch auf Balkon und Terrasse Platz. Ernten Sie nach Lust und Laune. Lassen Sie auch das Auge genießen, wenn farbige Blüten Salate oder Desserts zieren.

Pflanzvorschläge

⑦ Streublümchen in hellen Sommerfarben

Säen Sie je eine Reihe **Ringelblumen** *(Calendula officinalis)* und **Rucola** *(Eruca sativa)* aus. Von der Rauke können Sie sowohl die würzigen Blätter als auch die hübschen Blüten verwenden. Streuen Sie sie zusammen mit den Blütenblättern der Ringelblumen über einen Salat. Beide Kräuter sind einjährig.

⑧ Blütenreiches für den Salat

Am Rand des Kastens pflanzen Sie mehrjährigen Schnittlauch *(Allium schoenoprasum)*. Auf der restlichen Fläche säen Sie einjährigen **Winterportulak** *(Montia perfoliata)*. Die weißen Blütensternchen des Winterportulaks bilden sich mitten in den schüsselförmigen Blättern. Vom Schnittlauch können Sie – wie gewohnt – die würzigen Röh-

■ Die Ringelblumen sorgen für Farbe, vom Rucola können Sie köstliche Vorspeisen zaubern.

■ Schnittlauch und Winterportulak teilen sich diesen Kasten. Die Schnittlauchblüten verleihen dem Salat zwiebelige Würze, Portulakblüten schmecken dagegen mild.

■ Borretsch und Kapuzinerkresse – Augenweide und Gaumenfreude zugleich.

■ Zur Abwechslung können Sie aus dem sommerlichen Überfluss einen würzigen Kräuterstrauß binden.

renblätter ernten. Streuen Sie außerdem ein paar seiner rosa Blüten über den Salat. So wird aus einem Alltagsgericht eine delikate Überraschung!

9 Bunte Sommerpracht für Balkon und Küche

Ein üppiger Blickfang entsteht, wenn Sie in einem großen Kübel in der Mitte **Borretsch** (*Borago officinalis*) und an den Rändern rankende **Kapuzinerkresse** (*Tropaeolum majus*) aussäen. Lassen Sie vom Gurkenkraut nur zwei Pflanzen wachsen, dann entwickeln sie sich zu prächtigen Büschen mit vielen himmelblauen Blütensternen. Von diesen beiden einjährigen Kräutern können Sie viele Sommerwochen lang Blätter und Blüten für die Küche ernten. Es bleiben immer noch genug übrig für eine leuchtende Farbensinfonie in Orangerot und Blau.

Der Provence-Topf

Ein kräftiger **Lavendel** *(Lavandula angustifolia)* in einem geräumigen Terrakottatopf schenkt Ihnen herrlich duftende Blüten für sommerliche Tees.

Geranien mal anders

Duftblattgeranien *(Pelargonium)* schenken Ihnen sowohl aromatische Blätter als auch reizvolle Blüten für die Küche. Streuen Sie die rosa oder weiß gefärbten Blümchen über Süßspeisen oder in Gelees. Geeignet sind zum Beispiel Rosengeranien, Zitronenduftgeranien oder Pfefferminzgeranien (siehe Seite 83).

IN WOHLGERÜCHEN SCHWELGEN

Duftkräuter für Balkon und Terrasse

Der Mensch lebt nicht vom Brot allein; Schnittlauch im Salat schmeckt gut, macht aber nicht glücklich. Düfte sind dagegen Balsam für die Seele, sie beflügeln und lassen uns ein Weilchen über den Niederungen des Alltags schweben. Schenken Sie sich solche Augenblicke des Glücks – schwelgen Sie in Wohlgerüchen, die aus Kästen und Töpfen aufsteigen.

Pflanzvorschläge

10 Duftstarker Auftritt – lavendelfrisch und honigsüß

Pflanzen Sie je nach Länge zwei bis drei **Lavendel**sträuchlein *(Lavandula angustifolia)* der Sorte 'Munstead' in Blau und 'Alba' in Weiß in die Mitte des Kastens. Rundum an den Rändern setzen Sie violett, rosa oder weiß blühenden **Duftsteinrich** *(Lobularia maritima)*. Als Kontrast zur unvergleich-

■ Lavendel ist eine wunderschöne, langlebige Topfpflanze für Balkon und Terrasse.

■ Ein zarter Traum in Duft und Farbe: blauer und weißer Lavendel kombiniert mit Duftsteinrich.

■ Diese Mischung wird die Freunde kräftiger Aromen begeistern: Kampfer-Eberraute, Oregano und Kümmelthymian verbreiten sehr individuelle Wohlgerüche.

■ Die Vielfalt der Minzenaromen verlockt zum Ausprobieren. Wo soll man anfangen? Aufhören kann man bestimmt nicht mehr!

lichen Frische des Lavendelduftes weht ein warmer süßer Honiggeruch aus dem Blütenteppich des Duftsteinrichs, der bis in den Herbst hinein blüht. Lavendel ist mehrjährig, Duftsteinrich gehört zu den einjährigen Sommerblumen.

11 Tief einatmen – herbe Düfte mit Charakter

Pflanzen Sie in die Mitte des Kastens eine **Kampfer-Eberraute** (Artemisia alba), rechts und links daneben den buschigen **Griechischen Oregano** 'Compact' (Origanum vulgare subsp. viridulum, früher heracleoticum), am Rand findet der **Kümmelthymian** (Thymus herba-barona) mit über-hängenden Trieben Platz. Die feinen, silbergrauen Blätter der Kampfer-Eber-raute duften geheimnisvoll fremdartig wie alte Kirchenräume. Oregano verbrei-tet kräftigwürzigen Wohlgeruch, beim Kümmelthymian sind die herben Aromen von Kümmel und Thymian miteinander verwoben. Alle Kräuter in diesem Kasten sind mehrjährig.

Vorsicht Suchtgefahr: die lockende Welt der Minzen

Leider können Sie höchstens zwei unterschiedliche **Minze**-Sorten (Mentha) in einen großen Kasten pflanzen. Besser wäre es, mehrere Gefäße mit je einer Art oder Sorte zu füllen und sich an den wunderbaren Wohlgerüchen zu berauschen. Topfen Sie Ihre Minzen jährlich im Frühling in frische Erde um. Nach den ersten Erfahrungen werden Sie höchstwahr-scheinlich sowieso süchtig nach immer neuen Minzedüften. Dies sind nur einige wenige Beispiele von mehrjährigen winterharten Arten.

Die **Apfelminze** (*Mentha rotundifolia*) besitzt weiche, sanftduftende Blätter; die **Orangenminze** (*Mentha × piperita* 'Citrata') betört mit süßem Fruchtaroma, die **Schokominze** (*Mentha × piperita* 'Chocolate' vereint Mentholfrische mit Schokoladensüße; die **Marokkanische Minze** (*Mentha spicata* 'Crispa') ist süß und erfrischend zugleich.

Kaum zu glauben – alles Salbei!

In einem geräumigen Kübel können zwei verschiedene Salbei-Spezialitäten einen Sommer lang Platz finden. Mit dem normalen Tee- und Küchen-Salbei haben Sie wenig gemein. **Ananassalbei** (*Salvia rutilans*) und **Honigmelonensalbei** (*Salvia elegans*) duften und schmecken wie ihre Namen es verheißen – fruchtig und exotisch. Außerdem schmücken Sie sich mit leuchtend roten Blüten. Beide Salbei-arten stammen aus Mexiko und sind nicht winterhart. In einem kühlen, frost-freien Raum überstehen sie die kalte Jahreszeit.

Rosmarin als Solist

Rosmarin (*Rosmarinus officinalis*) gehört mit seinem harzig-herben Duft unbedingt in den Topfgarten der Wohlgerüche. Halten Sie den mehr-jährigen kleinen Strauch in großen Einzeltöpfen.

Duftvielfalt ohne Ende

Von **Duftblattgeranien** (*Pelargonium*) kann man nicht genug haben! Jedes Mal, wenn Sie mit den Händen die Blätter bewegen, verströmen sie die herrlichsten Düfte nach Rosen, Zitrus, Pfefferminze, Äpfeln oder Fichtennadeln (siehe Seite 83). Die Wahl unter den vielen Arten und Sorten fällt schwer. Duftblattgeranien sind mehrjährig, sie müssen in einem frostsicheren Raum überwintern.

■ Ananassalbei bildet kräftige Büsche mit wohlschmeckenden Blättern.

■ Duftblattgeranien bezaubern nicht nur durch den Wohlgeruch ihrer Blätter, sondern auch durch ihre zierliche Blüten.

■ Aus den Blättern des Zimtbasilikums können Sie herrlich duftenden Tee bereiten.

■ Thai-Basilikum hat besonders hübsche Blüten, es schmeckt kräftig-exotisch.

■ Hilfreiche Freunde: Dieser Kasten schenkt Ihnen viele Jahre lang heilsame Kräuter für einen Erkältungs-Tee: Mischen Sie Blätter des Salbeis mit dem blühenden Kraut von Oregano und Thymian.

Düfte des Orients – Basilikum-Variationen

Basilikum (*Ocimum basilicum*) weckt mit seinem vollen, süßen Duft Träume vom Leben unter südlicher Sonne. Überraschend groß ist die Variationsbreite der Wohlgerüche, die dieses einjährige Kraut zu bieten hat. Sie können jahrelang immer wieder neue Arten und Sorten ausprobieren: **Zimtbasilikum** duftet und schmeckt süßwürzig nach Zimt, **Thai-Basilikum** bezaubert mit kräftig-exotischem Wohlgeruch, **Rotblättriges Basilikum** in verschiedenen Sorten sieht sehr dekorativ aus und duftet etwas herber. Dieses Kraut, das den Zauber von Tausend-und-einer-Nacht verströmt, hat aber noch zahlreiche andere Varianten zu bieten.

DIE TEE-ECKE

Kräuter für die Gesundheit

Wenn Ihnen Heilpflanzen für die Hausapotheke wichtig sind, müssen Sie auf einen schönen Anblick nicht verzichten. Die Tee-Ecke im Topfgarten bietet nicht nur langweilige grüne Blätter, sondern auch hübsche, farbige Blüten und wunderbare Düfte zum Genießen.

Pflanzvorschläge

⑫ Hilfreiche Freunde für Erkältungszeiten

In der Mitte des Kastens pflanzen Sie einen **Salbei** *(Salvia officinalis)*.

rechts und links davon je einen **Oregano** *(Origanum vulgare)*. Am Rand bleibt noch Platz für den robusten **Deutschen Thymian** *(Thymus vulgaris)*. Die Erde in dem Kasten sollte gut wasserdurchlässig sein. Diese drei winterharten Kräuter können Sie zu einem Erkältungstee mischen, der vor allem Husten lindert. Salbei hilft auch gegen Halsschmerzen.

Streicheleinheiten für Magen und Darm

In diesem Kasten wächst nur eine kräftige **Pfefferminzsorte,** zum Beispiel die **»Krauseminze«** *(Mentha aquatica* var. *crispa)* oder die klassische **Englische Pfefferminze** *(Mentha × piperita* 'Mitcham'). Ein Tee aus ihren Blättern wirkt entkrampfend und wärmend im Magen-Darmbereich.

⑬ Rundum wohltuend – die Vielseitigen

Setzen Sie den hoch wachsenden **Teefenchel** *(Foeniculum vulgare* var. *dulce)* in den Hintergrund, die breitbuschige **Zitronenmelisse** *(Melissa officinalis)* in die Mitte. Am Rand säen Sie die einjährige **Kamille** *(Matricaria recutita)* aus. Diese Mischung ist sehr vielseitig und – bis auf die Kamille – langlebig. Fenchel wirkt mit seinen an den Dill erinnernden filigranen Blättern und Blüten sehr dekorativ. Seine Samenkörner helfen bei Blähungen, Magenbeschwerden und Husten. Melissenblätter stärken Herz und Nerven. Kamillenblüten lindern Entzündungen im Magen-Darmbereich.

Ein starkes Duo

Für den begrenzten Lebensraum im Kübel genügt eine einzige **Beifuß-**

■ Kamille, Teefenchel und Zitronenmelisse brauchen viel Platz.

■ Thymian und Lavendel passen gut zusammen. Beide lieben einen Platz an der Sonne und kommen mit relativ wenig Wasser aus.

pflanze *(Artemisia vulgaris)*. Die winterharte Staude entwickelt sich bald zu einem kraftvollen, schönen Busch. Auf den freien Randflächen säen Sie einjährige **Ringelblumen** *(Calendula officinalis)*, die bis weit in den Herbst hinein für sonnige Blütenpracht sorgen. Beifuß hilft bei Verstimmungen im Magen-Darmbereich. Ringelblumen wirken heilsam bei Entzündungen.

14 Alles Gute für die Nerven

In einem breiten, aber nicht zu hohen Kübel kann das heimische **Johanniskraut** *(Hypericum perforatum)* wachsen. Wenn es will – die Topfkultur dieses Wildkrautes ist nicht ganz einfach. Die wertvollen Inhaltsstoffe und die schönen sonnengelben Blüten lohnen aber den Versuch! Johanniskraut-Tee besänftigt die Nerven und hellt die Stimmung auf.

Mehr über die Kulturansprüche, die Inhaltsstoffe und die Verwendung der Kräuter in der Tee-Ecke können Sie in den Kräuter-Porträts ab Seite 74 nachlesen. Praktische Anregungen finden Sie im Kapitel »Kräuter-Rezepte« ab Seite 65.

Wichtig sind aber auch Ihre eigenen Erfahrungen. Probieren Sie viel aus!

TRAUMHAFTE STIMMUNG IM KRÄUTERGARTEN

Kräuter sind etwas Besonderes – ganz gleich ob sie im Garten, auf dem Balkon oder auf der Terrasse wachsen. Deshalb liegt es nahe, ein Kräutergärtchen auf besondere Weise zu gestalten. Liebevoll zusammengestellte Accessoires und formschöne Gefäße können gerade aus dem Minigarten auf Balkon und Terrasse ein Schmuckstück machen. Das stim-

■ Das Johanniskraut gehört zu unseren wertvollsten Heilpflanzen.

■ Hübsche Gefäße, die auf einer nostalgisch verschnörkelten Blumentreppe präsentiert sind, machen aus dem Topf-Kräutergärtchen einen echten Blickfang.

mungsvolle Ambiente ist sehr variabel, es kann mit den Jahreszeiten wechseln. So entstehen immer wieder neue reizvolle Bilder.

Achten Sie aber darauf, dass dekorative Elemente nicht zum alles überwuchernden Selbstzweck werden. Kräuter und Blüten sollten in der Topfgarten-Inszenierung die Hauptrolle spielen. Accessoires übernehmen nur ergänzende Nebenrollen.

Schöne Töpfe – malerische Arrangements

Gefäße aus gebrannter Erde passen besonders gut zum Wesen der Kräuter. Sie sind unter dem Begriff Terrakotta in großer Auswahl im Handel. Auch glasierte Keramik in verschiedenen Farbtönen kann dem Topfgarten einen besonderen Reiz verleihen. Suchen Sie die Gefäße immer so aus, dass sie den Auftritt der Kräuter unterstreichen. Niemals dürfen sie ihn großspurig übertönen.

Der Raum auf Balkon und Terrasse ist begrenzt, hölzerne Stufenleitern oder eiserne Etagenregale verhelfen zu mehr Platz. Auf solchen Gestellen können Sie die Pflanzen malerisch arrangieren.

Spiegelnde Kugeln und bunte Vögel

Es gibt unendlich viele Möglichkeiten, im Topfgärtchen einen zusätzlichen hübschen Blickfang zu schaffen. Glitzernde

Rosenkugeln, stimmungsvolle Windlichter, bemalte Holzvögel, Keramiktiere, ein schlichtes Wassergefäß oder besonders schöne Steine aus dem Urlaub verleihen auch dem einfachsten Kräutergarten eine heiter-lebendige Atmosphäre oder eine verzauberte Stimmung. Selbst

im Winter kann der Gewürzgarten noch einmal aufleuchten im Glanz weihnachtlicher Lichter.

Lassen Sie sich inspirieren von diesen wenigen Anregungen – Ihrer Fantasie sind keine Grenzen gesetzt.

■ Ein Platz zum Träumen inmitten duftender Kräuter und dekorativer Accessoires.

Kräuter in der Küche

KRÄUTER IN DER KÜCHE

Nachdem Sie nun vieles erfahren haben über die Kultur der Kräuter im Garten, auf dem Balkon oder auf der Terrasse, wird es Zeit, sich den Genüssen zuzuwenden, die Gewürze und Teepflanzen Ihnen versprochen haben. In der Küche und sogar im Bad werden Sie belohnt für alle Mühen, die Sie beim Säen und Pflanzen, beim Pflegen und Ernten auf sich genommen haben.

Ganz frisch geerntete Kräuter sind eine wunderbar duftende Köstlichkeit. Die Intensität des Aromas ist unvergleichlich. Niemals reicht käufliches »Grünzeug« an diese würzige Frische heran! Auch Spezialitäten wie Zimtbasilikum oder Ananassalbei können Sie nicht auf dem Markt kaufen. Genießen Sie also so oft wie möglich die verschiedenartigen delikaten Möglichkeiten, die Ihr Kräutergärtchen Ihnen anbietet.

Die folgenden Rezeptbeispiele können nur als Anregung dienen. Probieren Sie so viel wie möglich selber aus. Die besten Lehrmeister sind die eigenen Sinne. Erschnuppern Sie die tiefen, würzigen Wohlgerüche an warmen Sommertagen. Reiben Sie probeweise Duftgeranien-Blättchen zwischen den Fingern. Knabbern Sie genussvoll und neugierig an einem Zweig des Französischen Estragons. Er wird Ihnen ganz von selbst verraten, welches Gericht er mit seinem delikaten Aroma verfeinern und abrunden könnte.

■ Links: Man muss nicht alles essen wollen – Mutterkraut und Frauenmantel »verfeinern« den Sommerstrauß mit Gelbfelberich.
■ Oben: Aus Zitronenmelisse, Salbei und Zitronenverbene lassen sich aromatische Tees zubereiten. Die Kräuter gedeihen gut im Topf.

Kräuter-Rezepte

Rezepte

Frühlings-Kräuter-Suppe

Frische Kräuter, wie sie der Frühlings-garten anbietet, werden geputzt und mit dem Wiegemesser fein zerkleinert. Geeignet sind zum Beispiel Bärlauch, Kerbel, Kresse, Borretsch, Sauerampfer und früher Dill.

Bereiten Sie mit Butter und Mehl eine helle Mehlschwitze zu, die nach Geschmack mit Fleisch- oder Gemüse-brühe gelöscht wird. Zum Schluss rüh-ren Sie die frischen Kräuter unter die Brühe und verfeinern mit einem Schuss Crèmefraîche. Behalten Sie eine kleine

Portion Kräuter zurück, die Sie kurz vor dem Servieren frisch über die Suppe streuen.

Sommerliche Vorspeise mit Rucola und Basilikum

Breiten Sie auf einem Teller einige ge-waschene, trocken getupfte Salatblätter aus. Darauf verteilen Sie Rucolablätter, kleingeschnittene Tomaten und dünne Scheiben von frischen Steinchampig-nons. Zum Schluss streuen Sie kleinge-zupfte Basilikumblätter und frisch gerie-benen alten Schafskäse (Pecorino) über diese Zutaten. Gewürzt wird schließlich mit ein wenig Salz, hellem Balsamico-Essig und Olivenöl. Dazu passen kleine in Olivenöl geröstete Baguettescheiben.

Herbstlicher Gemüseeintopf mit kräftiger Kräuterwürze

Dünsten Sie kleingeschnittenes Gemüse – wie es der Garten oder der Markt gerade anbietet – in Olivenöl an. Geeig-net sind zum Beispiel Möhren, Sellerie, Lauch, Weißkohl, Wirsing, Brokkoli und späte Bohnen. Fügen Sie noch eine Portion Kartoffelwürfel hinzu. Gewürzt wird mit Salz und frisch gemahlenem Pfeffer. Dann streuen Sie zerkleinerte Blätter von Salbei, Oregano, Thymian und Bohnenkraut über das Gemüse. Diese Gewürze werden mitgekocht. Sie können die Kräuter auch zu einem Sträußchen binden, das Sie vor dem Servieren herausnehmen.

Saltimbocca – Römische Kalbsschnitzel

Belegen Sie dünn geschnittene Kalb-fleischscheiben mit Schinken und frischen Salbeiblättern. Eine zweite Fleischscheibe wird über die Füllung gelegt und festgesteckt. Würzen Sie außen mit Salz und Pfeffer. Die Schnitzel werden nun kurz von jeder Seite in Olivenöl gebraten. Die Römer nennen diese Köstlichkeit »Saltimbocca«, das bedeutet »Spring in den Mund«!

Möhren mit Fenchelblättern und Kümmelkartoffeln

Die jungen Blätter des Teefenchels besitzen eine warme Süße, die gut zu Möhren passt. Dünsten Sie in Scheiben oder Streifen geschnittene Möhren in Olivenöl an. Mit wenig Wasser ablöschen und gar kochen. In den letzten Minuten

■ Eine Suppe mit Sauerampfer gehört zu den Frühlingsdelikatessen, die Sie nicht versäumen sollten.

■ Probieren Sie gebackene Kartoffeln mit würzigem Rosmarin – ein rustikaler Genuss!

streuen Sie sehr feingeschnittene Fenchelblätter über das Gemüse.

Legen Sie gleichzeitig halbierte Kartoffeln – mit oder ohne Schale – auf ein geöltes Backblech. Die Erdäpfel werden mit Salz, etwas Pfeffer und Kümmel gewürzt und im Backofen bei 180 Grad etwa eine Stunde lang gebacken. Statt Kümmel können Sie auch Rosmarin verwenden.

Grüne Soße

Die klassischen sieben Kräuter der traditionellen »Grünen Soße« sind Petersilie, Schnittlauch, Borretsch, Dill, Kerbel, Sauerampfer und Pimpinelle. Sie können diese Zusammenstellung aber ohne Bedenken ganz nach Ihrem Geschmack variieren. Verwenden Sie einfach diejenigen Kräuter, die die Jahreszeit gerade bietet oder solche, die Sie besonders gern mögen. Gut geeignet sind zum Beispiel auch Zitronenmelisse, Estragon, Blätter der Kapuzinerkresse und – in kleinen Mengen – Ysop und Eberraute.

Rühren Sie zuerst eine Marinade aus Olivenöl, einem guten Weinessig, Salz und Pfeffer an. Alle Kräuter werden kleingeschnitten und unter diese Marinade gemischt. Sie brauchen mindestens zwei bis drei Hände voll frische Kräuter für eine mittelgroße Schüssel. Dann füllen Sie die duftende grüne Mischung mit einem Becher saurer Sahne und ein bis zwei Bechern süßer Sahne auf. Wenn Sie es leichter lieben, dann verwenden Sie anstelle der Sahne Joghurt. Zum Schluss fügen Sie noch vier kleingeschnittene, hartgekochte Eier hinzu.

Die »Grüne Soße« schmeckt am besten zu frischen Pellkartoffeln. Die Frankfurter kombinieren sie traditionell mit gekochtem Rindfleisch.

Salat mit Kräutern und Blüten

Bereiten Sie zunächst eine klassische Marinade aus Olivenöl, Weinessig, Salz und Pfeffer zu. Fügen Sie dann feingeschnittene Kräuter hinzu, wie die Jahreszeit sie bietet und wie Sie es mögen. Geeignet sind zum Beispiel Schnittlauch, Winterheckezwiebel, Borretsch, Sauerampfer, Dill, Estragon, Zitronenmelisse, Pimpinelle und viele andere.

In dieser kräuterduftenden Marinade können Sie alle Frühlings- und Sommersalate anrichten: Kopfsalate, Pflücksalate, Lollo rossa oder Römischen Bindesalat.

Wenn Sie die Salatblätter mit der Kräutermarinade vermischt haben, streuen Sie zum Schluss essbare Blüten darüber: himmelblaue Borretschsterne, orangefarbige Kapuzinerkresse, lichtgelbe Rucolablüten und lilarosa Schnittlauchkugeln. Natürlich müssen Sie nicht alle diese Schätze gleichzeitig verstreuen. Sie können die Blüten so kombinieren, wie sie gerade im Garten wachsen. Ihre Salatschüssel wirkt auch dann schon überraschend attraktiv, wenn Sie nur mit blauen Borretschblüten geschmückt ist.

Kräuter-Essig

Selbstangesetzter Kräuteressig schmeckt wunderbar zu Sommersalaten. Er bewahrt das Aroma der Kräuter auch für

■ Streuen Sie Blüten über Ihren Salat – wenn das Auge mitisst, genießen Sie doppelt!

■ Selbst gemachter Kräuter-Essig bewahrt die Würze des Sommers und bereichert die Küche im Winter.

den winterlichen Speiseplan. Füllen Sie in eine saubere Glasflasche einige Zweige und Blätter von Estragon, Dill, Zitronenmelisse und Basilikum. Fügen Sie noch zwei Knoblauchzehen hinzu und übergießen Sie alle Zutaten mit einem guten Weißweinessig. Alle Pflanzenteile müssen von der Flüssigkeit bedeckt sein.

Stellen Sie die verschlossene Flasche auf eine sonnige Fensterbank und schütteln Sie den Inhalt jeden Tag einmal kräftig um. Nach zwei bis drei Wochen ist der würzige Kräuter-Essig fertig. Sie können Salate und Vorspeisen damit würzen.

Nach dem gleichen Rezept können Sie auch einzelne Spezialitäten wie Estragon- oder Dill-Essig herstellen.

Erfrischender Tee mit Lavendelblüten

Mischen Sie für warme Sommertage einen erfrischen Tee aus Zitronenmelisse und Minzenblättern. Fügen Sie noch ein oder zwei Blütenähren des Lavendels hinzu. Alle Zutaten werden mit kochendem Wasser überbrüht und müssen 10 bis 15 Minuten lang ziehen. Dann wird der Tee abgesiebt. Sie können ihn heiß, warm oder kalt genießen. Die Lavendelblüten verleihen diesem Getränk eine ganz besondere aromatisch-frische Note.

HILFREICHE HAUSAPOTHEKE

Die alte Weisheit, dass für jede Krankheit auch ein passendes Kraut wächst, ist sicher richtig, sollte aber mit Vorsicht angewandt werden. Bei schwerwiegenden Erkrankungen und starken Schmerzen müssen Sie auf jeden Fall einen Arzt aufsuchen. Hilfreich ist die Kräutermedizin dagegen bei vielen Wehwehchen des Alltags.

Bei Husten, Halsweh, leichten Erkältungen, Magenverstimmungen und Einschlafproblemen können die Heilpflanzen aus Ihrem Garten gute Dienste leisten. In solchen Fällen hat sich die gute alte Hausapotheke seit Jahrhunderten bewährt. Sanft und zuverlässig helfen Heilkräuter-Tees, Salben und Öle, wenn sie sinnvoll und im richtigen Moment eingesetzt werden. Wichtig ist zum Beispiel, dass Sie nicht warten, bis eine Erkältung voll ausgebrochen ist. Steuern Sie mit Kräutern bereits bei den ersten Anzeichen gegen. Dann sind die Chancen, dass die Naturmedizin wirkt, besonders groß.

Rezepte

Erkältungs-Tee

Mischen Sie aus Ihren getrockneten Teevorräten Thymian und Salbei. Für eine Tasse nehmen Sie einen gehäuften Teelöffel voll Kräuter. Sie werden mit kochendem Wasser überbrüht. Der

■ Trocknen Sie Kräuter-Vorräte für den Winter. Dann können Sie rasch einen Tee gegen Erkältungen aufbrühen.

Tee muss 10 Minuten ziehen und wird dann abgesiebt. Trinken Sie ihn, mit Honig gesüßt, langsam und schluckweise.

Natürlich können Sie für den Erkältungs-Tee auch frische Kräuter verwenden. Salbei wirkt antiseptisch und hilft gegen Halsschmerzen. Thymian lindert den Husten und entkrampft die Bronchien. Verstärkt wird die Wirkung des Erkältungs-Tees, wenn Sie die wilden Kräuter Huflattich und Spitzwegerich sammeln und hinzufügen. Sie wirken vor allem schleimlösend.

Tee gegen Halsschmerzen

Mischen Sie Ysop und Salbei für diesen Tee. Sie können ihn ungesüßt trinken und gleichzeitig damit gurgeln, wenn sich Halsschmerzen ankündigen. Die Zubereitung gleicht dem Erkältungs-Tee.

Magen-Tee

Bei leichten Magenverstimmungen hilft eine Mischung aus Pfefferminze, Oregano, Beifuß, Fenchel und Kümmel. Dieser Tee wird ungesüßt getrunken. Die Zubereitung gleicht dem Erkältungs-Tee.

Tee gegen Blähungen

Die bewährten Bauchweh-Kräuter Fenchel und Kümmel helfen gut und zuverlässig. Zerstoßen Sie die Samenkörner in einem Mörser, bevor Sie sie mit heißem Wasser überbrühen.

Schlaf-Tee

Wenn nervöse Unruhe oder zu starke Anspannung Ihnen das Einschlafen erschweren, dann trinken Sie diesen Tee – mit Honig gesüßt – auf der Bettkante. Melisse, Johanniskraut, Lavendel und Baldrian werden gemischt und mit kochendem Wasser überbrüht. Dieser Schlaf-Tee wirkt entspannend und beruhigend. Sie werden bald sanft ins Reich der Träume gleiten.

Rotes Johanniskraut-Öl

Füllen Sie reichlich goldgelbe Johanniskraut-Blüten in eine Flasche. Dann gießen Sie gutes kaltgeschlagenes Olivenöl darüber. Alle Pflanzenteile müssen vollkommen bedeckt sein. Die Flasche wird nun verkorkt oder mit einem Schraubverschluss fest verschlossen. Sie muss fünf bis sechs Wochen lang auf einer warmen, sonnigen Fensterbank stehen und jeden Tag einmal durchgeschüttelt werden.

■ Aus den Blüten des Johanniskrautes können Sie Tee oder heilsames Öl gewinnen.

Langsam färbt sich das Öl blutrot. Die heilkräftigen Inhaltsstoffe und auch der rote Farbstoff der Kräuter sind in die Flüssigkeit übergegangen. Dann ist es Zeit, das kostbare Rote Johannis-Öl abzufiltern. Es muss dunkel und kühl aufbewahrt werden.

Äußerlich wird das Johannis-Öl als Einreibemittel bei rheumatischen Schmerzen und Zerrungen angewendet. Es lindert Sonnenbrand und heilt kleine Wunden. Innerlich hilft Johannis-Öl große Nervosität zu beruhigen oder leichte Depressionen aufzuhellen. Dann müssen Sie kurmäßig sechs Wochen lang drei Mal täglich einen Esslöffel voll Johannis-Öl schlucken. Trinken Sie danach sofort eine Tasse heißes Wasser, damit der ölige Geschmack rasch verschwindet.

Vorsicht: Johannis-Öl erhöht die Lichtempfindlichkeit! Legen Sie sich während der Kur nicht in die Sonne, Sie bekommen sonst ganz schnell einen Sonnenbrand.

Ringelblumen-Salbe

Ringelblumen gehören zu den wertvollsten Heilpflanzen des Gartens. Für die Salbe werden die gelben Blütenblätter ausgezupft und etwas zerdrückt. Erwärmen Sie drei Esslöffel reines Schweineschmalz in einem Topf, bis es flüssig wird, und rühren Sie dann drei bis vier Esslöffel Ringelblumenblätter darunter. Kochen Sie diese Mischung langsam auf. Dann wird der Topf vom Herd genommen. Die Kräuter müssen noch 10 Minuten ziehen, dann kann das noch flüssige Fett durch ein sauberes Tuch abgefiltert werden. Füllen Sie Ihre Ringelblumen-Salbe in gut verschließbare Cremedöschen und bewahren Sie sie möglichst kühl auf, damit sie haltbar bleibt.

Die goldgelbe Salbe heilt kleine Wunden, Hautabschürfungen und Entzündungen. Verwenden Sie für die Herstellung nur Fett, das aus ökologischer Tierhaltung stammt!

■ Die Blüten der Ringelblumen enthalten Wirkstoffe, die Entzündungen und kleine Wunden heilen. Ringelblumen-Salbe ist schnell zubereitet.

KRÄUTERDÜFTE IM BAD

Reinen Genuss schenken duftende Kräuter im Badewasser. Dass sie nebenbei auch der Gesundheit dienen, rundet das Vergnügen in der Wanne wunderbar ab.

Rezepte

Bade-Kräuter-Aufguss

Nach diesem Rezept können Sie verschiedene Kräuter für die Badewanne zubereiten:

Geben Sie 50 bis 100 Gramm getrocknetes Kraut oder zwei bis drei Hände voll frische Kräuter in einen großen Topf. Überbrühen Sie alles – je nach Drogenmenge – mit ein bis zwei Litern kochendem Wasser. Dieser Aufguss muss 15 Minuten ziehen, dann können Sie ihn durch ein Sieb ins Badewasser gießen.

Im Grunde genommen ist es ein starker Tee, den Sie in der Wanne mit dem ganzen Körper genießen. Wertvolle Inhaltsstoffe werden sowohl über die Haut als auch über die Atmungsorgane aufgenommen. Die Wirkung ist – je nachdem welches Kraut Sie wählen – verschieden:

■ Lavendel erfrischt und entspannt. Der herrliche Duft schenkt zusätzlichen Genuss.

- Rosmarin macht munter, das würzige Kraut regt den Kreislauf und die Durchblutung an.
- Thymian ist eine Wohltat für die Atmungsorgane. Das Bad lindert Husten und Bronchialbeschwerden.
- Melisse entspannt und beruhigt nach einem stressigen Tag.

Lavendel-Öl

Füllen Sie frischgeschnittene Lavendelblüten locker in eine hübsche nicht zu große Flasche. Die Menge richtet sich nach dem Fassungsvermögen des Gefäßes. Die Flasche sollte zu etwa zwei Dritteln mit Blüten gefüllt sein. Dann gießen Sie gutes, kalt geschlagenes Olivenöl über den Lavendel. Es muss mindestens einen Zentimeter über den Pflanzenteilen stehen. Anschließend stellen Sie Ihr Lavendel-Öl auf eine sonnige, warme Fensterbank, und schütteln Sie es einmal täglich gut durch. Nach vier Wochen können Sie das duftende Öl abfiltern. Bewahren Sie es kühl und dunkel auf.

Reiben Sie sich nach dem Bad am Abend mit Lavendel-Öl ein. Es entspannt Ihre Muskeln, vor allem im Nacken und Schulterbereich. Der Stress des Tages weicht, eine ruhige Nacht kann beginnen. Lavendel-Öl wirkt entkrampfend. Sie können es auch bei neuralgischen Muskel- und Kopfschmerzen anwenden. Statt des Lavendels können Sie auch Kümmel- oder Fenchelsamen fein zermörsern und in Öl ziehen lassen. Nach 3 Wochen wird das Öl abgeseiht. Es wird sanft einmassiert und lindert Bauchweh.

■ Lavendelseife gibt es im Laden, einen erfrischenden Badezusatz können Sie selbst herstellen.

■ Lavendelblüten helfen Ihnen, Stress und Verspannungen auf sanfte Weise zu lösen.

Kräuter-Porträts

DIE BESTEN KRÄUTER

In diesem Kapitel lernen Sie die wichtigsten Kräuter für Ihren Garten näher kennen. Auf den großen Fotos sehen Sie, wie die Pflanzen wachsen und blühen. Die Symbolleiste über dem Text zeigt Ihnen auf einen schnellen Blick:

↕ wie hoch das dargestellte Kraut wächst
◯ ◐ ob es Sonne oder etwas Schatten liebt
✿ die Monate, wann es blüht,
☉ ☉ ob es zu den Einjährigen oder Zweijährigen gehört.

Die Reihenfolge der Kräuter richtet sich nach ihrem deutschen Namen.

In der Beschreibung finden Sie unter den fettgedruckten Schlagworten ganz schnell, was Sie wissen möchten, zum Beispiel unter Kultur: Wie wird Ihr ausgesuchtes Kraut im Garten gesät, gepflanzt oder gepflegt. Auch den richtigen Zeitpunkt für die Ernte können Sie hier rasch nachschlagen. Unter dem Stichwort Verwendung erfahren Sie nicht nur, was Sie aus einem Kraut in der Küche zaubern können, Sie bekommen auch noch Tipps für die Hausapotheke.

Die Heimat verrät Ihnen viel über wichtige Lebensgewohnheiten. Wenn Sie dort lesen, dass ein Kraut ursprünglich in den Mittelmeerländern zu Hause war, dann wissen Sie sofort, dass es auch in Ihrem Garten viel Sonne und Wärme braucht.

Versäumen Sie nicht, immer wieder einen Blick in die letzte Rubrik Sorten/Arten zu werfen. Dort bekommen Sie zahlreiche Tipps für besonders empfehlenswerte Sorten und interessante Spezialitäten. Falls Sie neugierig geworden sind und das eine oder andere reizvolle Kraut aus dem großen Duft- und Würzsortiment ausprobieren möchten, schlagen Sie am besten gleich den Anhang auf. Ab Seite 92 finden Sie die Adressen der Kräuter-Spezialgärtnereien, die auch die ausgefallensten Arten und Sorten für Sie vorrätig haben. So bleibt die Beschreibung keine graue Theorie – Sie können gleich den Sprung in die eigene spannende Praxis wagen!

■ Links: Leuchtende Farbenfeuer entzünden Ringelblumen und Kapuzinerkresse.
■ Oben: Der Kräutergarten ist eine Welt der Geheimnisse, die sich jedem erschließt, der bereit ist, sich näher damit zu beschäftigen.

Basilikum

(Ocimum basilicum)

⬆ 15–60 cm   ◯   ❁ 7–9   ☉

Heimat: Vorderindien, Arabien, Mittelmeerregion, schon in den Pyramiden gefunden.
Wuchs: Buschig wachsende kleine Sträucher, weiche, gewölbte Blätter, weiße oder rosa Lippenblüten
Kultur: Anzucht aus Samen, Vorkultur im Warmen, ein Mal pikieren, ab Mitte Mai ins Freiland bringen; wächst am besten in großen Töpfen, an sonnigen und geschützten Plätzen. Junge Pflanzen entspitzen, immer reichlich gießen.
Ernte: Frische Triebspitzen und Blätter bis zum Winter. Trocknen lohnt kaum, das feurig-würzige Aroma geht verloren.
Verwendung: Passt zu südländischen Gemüsegerichten, Tomaten, Salaten, Vorspeisen und Geflügel. Basilikum-Tee wirkt krampflösend, ist gut für Magen und Nerven.

Sorten: Grünblättrig: Genoveser Basilikum, 'Grünes Krauses', Griechisches Buschbasilikum; Rotblättrig: 'Osmin', 'Dark Opal', 'Rubin'; Spezialitäten: Zimt-, Zitronen-, Thai-Basilikum.

Bohnenkraut

(Satureja hortensis)

⬆ 40–50 cm   ◯   ❁ 7–9   ☉

Heimat: Mittelmeerländer und Balkan; bereits bei den Römern beliebt.
Wuchs: Verzweigte Büsche mit schmalen Blättern und weißen oder lila Lippenblüten.
Kultur: Ab Mai bis Juni im Freiland aussäen, Reihen mit 20–25 cm Abstand, Auslichten auf 25 cm Pflanzenabstand; liebt warme, lockere Erde; verträgt Hitze, nur junge Sämlinge feucht halten.
Ernte: Frische Zweige vom Sommer bis zum Herbst. Zum Trocknen während der Blüte schneiden. Das Aroma hält sich gut.
Verwendung: Kräftige Würze zu Bohnen, Eintöpfen, Kartoffelgerichten, macht Speisen leichter verdaulich. Bohnenkraut-Tee regt den Appetit an, er wirkt krampflösend und magenstärkend.

Arten/Sorten: 'Aromata' – buschig, würzig; Bergbohnenkraut *(Satureja montana)* – mehrjährig, kräftige Würze; Zitronenbohnenkraut *(S. montana* var. *citriodora)* – herbe Zitronenwürze.

Borretsch
(Borago officinalis)

↑ 50–80 cm   6–9 ☉

Heimat: Westliche Mittelmeerländer, altes Klostergarten-kraut.

Wuchs: Starke verzweigte Pflanzen mit rauhaarigen Stängeln und Blättern, blaue oder rosa Sternenblüten.

Kultur: Ab April breitwürfig im Freiland aussäen, auf 40–50 cm Abstand ausdünnen. Borretsch liebt feuchte, humose Böden und viel Platz. Robust und starkwüchsig, sät sich leicht selber aus.

Ernte: Junge weiche Blätter vom Frühling bis zum Sommer; ältere Blätter werden hart und rau. Die Blüten sind essbar. Konservieren ist nicht möglich.

Verwendung: Frisch-säuerliche Würze zu Gurken, Salaten, Quark und kalten Soßen. Die Blüten zieren Salate und Vor-speisen. Borretsch wirkt herzstärkend und blutreinigend.

Arten: Ausdauernder Borretsch *(Borago pygmaea = B. laxiflora)* – niedriger, gut für Töpfe und Kästen.

Dill
(Anethum graveolens var. hortorum)

↑ 50–150 cm   7–9 ☉

Heimat: Südeuropa, Vorderer Orient; von Ägyptern, Griechen und Römern schon genutzt.

Wuchs: Hohe Stängel, fein gefiederte Blätter, gelbe Dolden-blüten.

Kultur: Von April bis Mai ins Freiland säen; Reihen mit 25–30 cm Abstand oder breitwürfig, später Auslichten. Dill liebt humosen, feuchten Boden. Mulchen und bei Trockenheit gießen. Mischkultur mit Gurken.

Ernte: Frische Blätter bis zum Herbst; einfrieren möglich. Blüten werden beim Einmachen von Gurken benutzt. Samen-dolden im Herbst schneiden, wenn die Körner braun werden.

Verwendung: Die frische Dillwürze passt zu Gurken, Salaten, Quark, Kräuterbutter und Fisch. Dillsamen-Tee wirkt wärmend und lindert Blähungen.

Sorten: 'Tetra' – sehr blattreich; 'Vierling' – kräftig, blaugrüne Blätter.

Kamille

(Matricaria recutita)

↕ 20–40 cm ○ ❀ 6–8 ☉

Heimat: Kleinasien, Europa; typische Ackerrandpflanze.
Wuchs: Verzweigte Pflanzen mit gefiederten Blättern und
weiß-gelben Korbblüten.
Kultur: Ab April oder im September breitwürfig im Freiland
aussäen, später auslichten auf 20 cm Abstand, damit verzweigte Pflanzen mit vielen Blüten entstehen. Kamille liebt
humusreiche Erde.
Ernte: Nur die Blütenköpfe abschneiden und behutsam auf
Rosten oder Dörrapparaten trocknen.
Verwendung: Keine Würze. Kamillen-Tee wirkt entzündungs-
hemmend und krampflösend. Er hilft bei Magenentzündungen,
Umschläge heilen Wunden. Kamillendampfbäder lindern Erkältungen.

Arten/Sorten: 'Bodegold' – ostdeutsche Züchtung mit
großen Blüten – Römische Kamille *(Chamaemelum nobile)* –
fruchtiger Duft, ähnliche Heilwirkung wie Echte Kamille.

Kapuzinerkresse

(Tropaeolum majus)

↕ 30–200 cm ○–◑ ❀ 6–10 ☉

Heimat: Peru; von spanischen Eroberern nach Europa
gebracht.
Wuchs: Buschig mit langen Ranken; rundliche Blätter, trichter-
förmige duftende Blüten mit Sporn in Gelb, Orange und Rot.
Kultur: Ab Mitte Mai im Garten oder Balkonkasten aussäen,
mit 10 cm Abstand zwischen den Körnern. Kapuzinerkresse
liebt humusreiche Böden. Nicht stark düngen!
Ernte: Frische Blätter und Blüten vom Sommer bis zum
Herbst. Junge Samen werden als Kapern eingelegt.
Verwendung: Blätter und Blüten würzen mit feinem Kresse-
geschmack Salate. Kapuzinerkresse enthält Vitamine, Schwefel
und antibiotische Substanzen. Sie stärkt die Abwehrkräfte.

Arten/Sorten: Niedrige Kapuzinerkresse ohne Ranken
(T. minus); Kanarische Kresse *(T. peregrinum)* – Ranken,
gelbe Blüten; Rankende Sorten: 'Scharlachglanz', rot; 'Alaska-
Mischung'.

Kerbel

(Anthriscus cerefolium)

↕ 30–60 cm ○–◐ ✿ 5–8 ☉

Heimat: Südeuropa und Westasien; von den Römern eingeführt.

Wuchs: Verzweigte Pflanzen mit weichen, gefiederten Blättern und zarten weißen Blütendolden.

Kultur: Ab Ende März im Garten aussäen in Reihen mit 10 cm Abstand; bei Trockenheit gießen, sonst anspruchslos. Nach 6–8 Wochen kann Kerbel geerntet werden. Säen Sie öfter nach; im September gesät, überwintert das Kraut.

Ernte: Zarte Blätter vor der Blüte. Junge Blüten sind ebenfalls essbar.

Verwendung: Der würzig-süße, anisartige Geschmack passt zu Salaten, Soßen, Suppen und Omelettes. Das Kraut darf nicht mitgekocht werden. Kerbel gehört zu den stoffwechselanregenden Frühlingskräutern.

Arten/Sorten: 'Extra Krauser' – sehr krause Blätter; Sibirischer Kerbel 'Ravens Wing' *(A. sylvestris)* – mehrjährig.

Kresse

(Lepidium sativum)

↕ 30–50 cm ○–◐ ✿ 5–8 ☉

Heimat: Vorderer Orient und Nordafrika; schon von Karl dem Großen empfohlen.

Wuchs: Verschiedenartig gefiederte Blätter und weiße Blüten (Kreuzblütler).

Kultur: Ab März mit 10 cm Reihenabstand im Garten aussäen und gleichmäßig feucht halten. Kresse keimt sehr schnell, säen Sie öfter nach. Das anspruchslose Kraut gedeiht auch gut in Schalen und Kästen.

Ernte: Junge Blätter frühzeitig vor der Blüte schneiden. Keine Konservierung.

Verwendung: Der pikante, etwas scharfe Geschmack passt zu Salaten, Eiern, Quark und Radieschen. Kresse enthält Vitamine und Senfölglykoside, sie regt den Stoffwechsel an.

Arten: Breitblättrige Kresse *(L. latifolium)* – heimische, mehrjährige Kresseart.

Kümmel

(Carum carvi)

⬆ 30–120 cm   ◯–◑   ✿ 5–7

Heimat: Europa, Asien, Afrika; gehört zu den ältesten Gewürzen der Welt.

Wuchs: Das zweijährige Kraut treibt im ersten Jahr eine Blattrosette, im zweiten Jahr hohe Stängel mit gefiederten Blättern und weißen Doldenblüten.

Kultur: Im April oder August ins Freiland säen, Reihenabstand 30 cm, später auf 30–40 cm Abstand auslichten. Kümmel liebt feuchten, humosen Boden und etwas Kalk.

Ernte: Im zweiten Jahr reifen ab Juli/August die Samenkörner; braune Dolden schneiden.

Verwendung: Die scharfwürzigen Kümmelkörner machen Kohlgerichte leichter verdaulich; sie passen auch zu Fleisch und Quark. Kümmel-Tee lindert Blähungen.

Arten: Kreuzkümmel *(Cuminum cyminum)* – altes, traditionsreiches Gewürz aus dem Orient.

Majoran

(Origanum majorana)

⬆ 30–40 cm   ◯   ✿ 6–9

Heimat: Mittelmeerländer, Orient, Indien; schon in der Antike beliebt.

Wuchs: Kleine verästelte Sträucher mit grau-grünen behaarten Blättern, weiß, lila oder rosa Lippenblüten.

Kultur: Ab Mai im Garten aussäen, die feinen Samen nur dünn mit Erde bedecken. Reihenabstand 20–25 cm, auf 15 cm Zwischenraum vereinzeln. Majoran liebt leichte, warme Böden.

Ernte: Frische Blätter den ganzen Sommer; zum Trocknen mit geschlossenen Blütenknospen schneiden.

Verwendung: Das süß-würzige Kraut passt zu Fleisch, Kartoffelgerichten, Eintopf und Tomaten. Majoran wirkt, auch als Tee, krampflösend und magenstärkend.

Arten: Winterfester Majoran *(O. × majoricum)* – eine Kreuzung aus Majoran und Oregano, mild aromatisch; Arabischer Majoran *(Origanum syriacum)* – intensives Majoranaroma.

Petersilie

(Petroselinum crispum)

⬆ 15–60 cm   ◐–◑   ✿ 7–9   ⊙

Heimat: Südöstliches Europa; wurde schon in der Antike kultiviert.

Wuchs: Im ersten Jahr wächst eine buschige Rosette mit krausen oder glatten gefiederten Blättern; im zweiten Jahr treiben lange Stängel mit grüngelben Doldenblüten.

Kultur: Aussaat von März bis April oder im August in Reihen mit 15 cm Abstand. Petersilie keimt langsam, sie liebt nährstoffreiche, feuchte Böden. Jedes Jahr den Standort wechseln!

Ernte: Ganzjährig frische Blätter – auch im Winter. Petersilie kann auch eingefroren werden. Verwendung: Kleingehackt frisch über Kartoffeln, Salate, Suppen oder Soßen streuen. Achtung: Petersiliensamen sind giftig!

Arten/Sorten: 'Mooskrause', 'Smaragd' – dicht gekraust und blattreich; Italienische Petersilie 'Gigante d'Italia' *(P. crispum* var. *neapolitanum)* – glattblättrig und ertragreich.

Rauke, Rucola

(Eruca sativa)

⬆ 20–40 cm   ◐–◑   ✿ 7–8   ⊙

Heimat: Südeuropa und Mittelmeerraum; alte Kulturpflanze.

Wuchs: Dicht am Boden wachsen grob gefiederte, weiter oben glatte Blätter. An langen Stielen öffnen sich elfenbeinweiße Blüten (Kreuzblütler).

Kultur: Ab April im Freiland säen, Reihen mit 15–20 cm Abstand. Rauke liebt feuchten Humus; sie wächst sehr schnell und kann oft nachgesät werden. Rucola gedeiht gut in Kästen und Töpfen, im Gewächshaus ist auch Winterernte möglich.

Ernte: Frische Blätter vom Frühling bis zum Herbst. Konservierung in Pesto oder Kräuterölen.

Verwendung: Die pikante Rauke schmeckt zu Salaten, Vorspeisen, Tomaten und Quark.

Arten/Sorten: Wilde Rauke *(Eruca vesicaria)* – begrenzt winterhart, zierlichere gefiederte Blätter; 'Rucola da Orto' – großblättrige italienische Rauke.

Ringelblume

(Calendula officinalis)

⬆ 30–50 cm ○ ✿ 6–10 ☉

Heimat: Südeuropäische Mittelmeerländer, bis Asien; uralte Heilpflanze.

Wuchs: Verzweigte Pflanzen mit kantigen Stengeln und länglichen Blättern; gelb- oder orangefarbige Korbblüten.

Kultur: Ab März ins Freiland säen; junge Pflanzen mit 20–30 cm Abstand versetzen. Anspruchslose, überall wachsende Bauerngarten-Blume; sät sich selbst aus.

Ernte: Frische Blüten während des ganzen Sommers; zum Kochen und Trocknen werden die äußeren Strahlenblüten ausgezupft.

Verwendung: Die Blütenblätter würzen als Safran-Ersatz Suppen und Fischgerichte; frisch über den Salat streuen. Ringelblumen-Tee wirkt blutreinigend, die Salbe heilt Wunden.

Arten: Ackerringelblume *(C. arvensis)* – heimische wilde Ringelblume.

Winterportulak

(Montia perfoliata)

⬆ 10–20 cm ○–◑ ✿ 3–4 ☉

Heimat: Nord-Amerika und Kanada.

Wuchs: Dicht am Boden treiben Büschel rundlicher Blätter, die wie kleine Schüsseln geformt sind. In der Mitte der Blätter wachsen weiße Sternblüten.

Kultur: Säen Sie Winterportulak im April oder von August bis September in Reihen mit 20 cm Abstand oder breitwürfig aus. Feucht halten. Herbstaussaaten bleiben über Winter grün.

Ernte: Frische Blätter – je nach Aussaat – im Sommer, Herbst, Winter oder Frühling. Die Blüten sind essbar und dekorativ.

Verwendung: Frisch-säuerliche Zugabe zu Salaten und Quark. Winterportulak ist reich an Vitamin C.

Arten: Sibirischer Winterportulak *(M. sibirica)* – rosa Blüten, wintergrün.

Agastache, Anis-Ysop

(Agastache foeniculum)

 80–120 cm ○   7–10

Heimat: Nordamerika und Kanada; altes Indianerkraut.
Wuchs: Hohe verzweigte Stauden mit langen lila Blüten-
kerzen, die Schmetterlinge anlocken; nach Anis duftende
Blätter.
Kultur: Ab April im Warmen aussäen oder vorgezogene
Pflanzen kaufen. Im Mai ins Freiland setzen mit 30–40 cm
Abstand. Liebt humosen Boden; feucht halten, verträgt keine
Staunässe!
Ernte: Frische Blätter vom Sommer bis zum Herbst. Trocknen
möglich, der Anisduft bleibt erhalten.
Verwendung: Das süße Anisaroma der Blätter entfaltet
sich im Tee; auch als Salatwürze, für Gelees, Süßspeisen und
Potpourries geeignet.

Arten: Koreanische Minze *(A. rugosa)* – ähnlich wie Anis-Ysop,
Minzenduft; Lemon-Ysop *(A. mexicana)* – Anis-Zitronenaroma,
rote Blüten.

Baldrian

(Valeriana officinalis)

 100–150 cm ○–◑   6–8

Heimat: Südeuropa, Vorderer Orient; von Ägyptern, Griechen
und Römern schon genutzt.
Wuchs: Hohe Stängel, fein gefiederte Blätter, gelbe Dolden-
blüten.
Kultur: Von April bis Mai ins Freiland säen; Reihen mit
25–30 cm Abstand oder breitwürfig, später Auslichten. Dill
liebt humosen, feuchten Boden. Mulchen und bei Trockenheit
gießen. Mischkultur mit Gurken.
Ernte: Frische Blätter bis zum Herbst; einfrieren möglich.
Blüten werden beim Einmachen von Gurken benutzt. Samen-
dolden im Herbst schneiden, wenn die Körner braun werden.
Verwendung: Die frische Dillwürze passt zu Gurken, Salaten,
Quark, Kräuterbutter und Fisch. Dillsamen-Tee wirkt wärmend
und lindert Blähungen.

Sorten: 'Tetra' – sehr blattreich; 'Vierling' – kräftig, blaugrüne
Blätter.

Kräuter-Porträts

Bärlauch

(Allium ursinum)

↕ 20–30 cm ◑ ✿ 5

Heimat: Europa; heimische Waldpflanze.

Wuchs: Aus einer kleinen Zwiebel treiben länglich-eiförmige, spitz zulaufende Blätter und Dolden weißer, sternförmiger Blüten. Die Pflanzen bilden mit der Zeit dichte Horste. Im Sommer ziehen sie ganz ein.

Kultur: März bis April vorgezogene Pflanzen mit 10–20 cm Abstand setzen. Im Herbst Zwiebeln 10 cm tief in den Boden stecken. Anzucht aus Samen ist schwierig. Bärlauch liebt lichten Schatten unter Sträuchern und humusreichen, feuchten Boden. Sät sich selber aus.

Ernte: Frische Blätter vor der Blüte; Konservierung in Pesto und Kräuter-Ölen.

Verwendung: Feine Knoblauchwürze zu Salaten. Suppen und Quark; die Blüten eignen sich als essbare Dekoration. Bärlauch stärkt Darm und Kreislauf.

Arten: Verwandte Allium-Arten sind Knoblauch, Schnittlauch, Zwiebel, Winterheckezwiebel und andere.

Beifuß

(Artemisia vulgaris)

↕ 150–200 cm ○ ✿ 7–9

Heimat: Europa bis Sibirien; altes Heil- und Zauberkraut.

Wuchs: Kräftige, verzweigte Büsche mit gefiederten Blättern und kleinen gelblichen Blüten an langen Rispen.

Kultur: Im April ins Freiland säen; April bis Mai oder September bis Oktober Jungpflanzen setzen mit 50–80 cm Abstand. Beifuß ist anspruchslos, er gedeiht gut in mageren Böden.

Ernte: Frische Blätter vom Frühling bis zum Herbst; die oberen Zweigspitzen mit geschlossenen Blütenknospen zum Trocknen schneiden.

Verwendung: Gewürz zu Gänse-, Hammel- oder Schweinebraten; macht fettes Fleisch leichter verdaulich. Beifuß-Tee hilft bei Magenverstimmung.

Arten: Strandbeifuß *(A. maritima)* – Wildpflanze an der Nordseeküste.

Duftblatt-Geranie

(Pelargonium)

⬆ 40–80 cm ○ ✿ 5–9

Heimat: Südafrika.
Wuchs: Blattformen, Blüten und Düfte sind – je nach Art und Sorte – sehr unterschiedlich. Meist buschiger, verzweigter Wuchs, duftende Blätter.
Kultur: Duftblatt-Geranien werden am besten in Töpfen gehalten an sonnigen, warmen Plätzen. Im Sommer reichlich gießen, mäßig düngen. Kühl und hell im Haus überwintern. Im Frühling umtopfen und zurückschneiden. Ab Mitte Mai wieder nach draußen bringen.
Ernte: Während des Sommers duftende Blätter frisch verwenden oder trocknen.
Verwendung: Unterschiedliche Aromen, zum Beispiel Rose, Zitrone, Pfefferminze; für Desserts, Gelee, Tee oder Potpourries.

Arten/Sorten: 'Attar of Roses' *(P. capitatum)* – starker Rosenduft; 'Queen of Lemons' *(P. crispum)* – Zitronenduft; Pfefferminzgeranie *(P. tomentosum)* – kräftiger Pfefferminzduft.

Eberraute

(Artemisia abrotanum)

⬆ 60–100 cm ○ ✿ 7–10

Heimat: Südeuropa und Vorderasien, alte Kloster- und Bauerngartenpflanze.
Wuchs: Kleine, verholzende Sträucher mit filigran gefiederten Blättern und unscheinbaren gelben Blüten.
Kultur: Vorgezogene Pflanzen von April bis Mai mit 40–50 cm Abstand ins Freiland setzen. Eberraute liebt humose, kalkhaltige Böden, eher trockene Lage. Im Frühling leicht zurückschneiden; Stecklingsvermehrung möglich; für niedrige Hecken geeignet.
Ernte: Frische Blättchen mit herbem Zitrusduft den ganzen Sommer; zum Trocknen blühende Zweige von Juli bis August schneiden.
Verwendung: Kleine Mengen zu Soßen, Salaten und Fleisch; Eberrauten-Tee wirkt appetitanregend und stärkt den Magen. Mottenkraut!

Arten: Kampfer-Eberraute *(A. alba)* – grau-grüne Blätter, Weihrauch-Duft.

Estragon

(Artemisia dracunculus)

⬆ 60–150 cm ◐ ○–◑ ✿ 7–9

Heimat: Russland, Sibirien, China.
Wuchs: Hohe verzweigte Stängel mit schmalen, länglichen Blättern, gelb-grüne Blüten, Wurzelausläufer.
Kultur: Russischer Estragon wird ab April ins Freiland gesät; vorgezogenen Französischen Estragon pflanzen Sie von April bis Mai; beide brauchen 40 × 40 cm Abstand. Estragon liebt feuchthumosen Boden; etwas düngen. Im Frühling zurückschneiden.
Ernte: Frische Blätter den ganzen Sommer; zum Trocknen und für Kräuter-Öl aufblühende Zweige.
Verwendung: Französischer Estragon ist ein Feinschmeckergewürz, sein süß-würziges Aroma passt zu Salaten, Soßen, Fisch, Geflügel. Russischer Estragon wird genauso verwendet. Estragon-Tee regt den Appetit an.

Sorten: Russischer Estragon – Vermehrung durch Samen, robust aber weniger aromatisch; Französischer Estragon – Vermehrung durch Wurzelausläufer und Stecklinge, feinstes Aroma.

Fenchel, Teefenchel

(Foeniculum vulgare var. *dulce)*

⬆ 150–200 cm ○ ✿ 7–9

Heimat: Mittelmeerländer, Kleinasien; schon im Altertum in Gebrauch.
Wuchs: Hohe verzweigte Stengel, fein gefiederte dem Dill ähnliche Blätter, gelbe Blütendolden; tief reichende Wurzeln.
Kultur: Ab April in Reihen mit 20–25 cm Abstand ins Freiland säen; über Winter zudecken; im nächsten Frühling mit 40–50 cm Abstand versetzen. Teefenchel liebt tiefgründigen, feuchten Boden, etwas Kalk und Dünger. Im Frühling zurückschneiden, je nach Standort zwei- oder mehrjährig.
Ernte: Junge Blätter für die Küche, Samen für Tee.
Verwendung: Typische süßlich-scharfe Würze; Blätter passen zu Salaten, Gemüse, Soßen und Fisch, Körner zu Fleisch, Suppen und Gebäck. Fenchel-Tee lindert Blähungen und »Bauchweh«.

Arten/Sorten: 'Berfena' – ertragreiche Züchtung; 'Atropurpureum' – rötliches Laub; Bronzefenchel *(F. vulgare* 'Rubrum' = var. *rubrum)* – schönes braunrotes Laub, zierlicherer Wuchs.

Johanniskraut
(Hypericum perforatum)

 30–60 cm ○ ✿ 6–8

Heimat: Europa, Nordafrika, Westasien; alte hochgeschätzte Heilpflanze.
Wuchs: Verzweigte Stauden, zweikantige Stengel, länglich-ovale Blätter mit Öldrüsen, gelbe Schalenblüten.
Kultur: Setzen Sie vorgezogene Pflanzen mit 30–40 cm Abstand an einen sehr sonnigen Platz mit durchlässigem Boden. Geben Sie ihnen Kompost und Algenkalk. Eingewachsene Stauden bilden Wurzelausläufer und säen sich selber aus.
Ernte: Keine Würzpflanze. Obere Triebspitzen mit wenigen Blättern in voller Blüte schneiden; Trocknen für Tee, in Öl ansetzen für Heilöl.
Verwendung: Johanniskraut-Tee stärkt die Nerven und lindert Depressionen. Johanniskraut-Öl (Rotöl) hilft bei Muskelschmerzen und Sonnenbrand.

Sorten: 'Topaz' – Auslesezüchtung, hoher Wirkstoff-Gehalt.

Lavendel
(Lavandula angustifolia)

 30–60 cm ○ ✿ 6–8

Heimat: Südeuropäische Mittelmeerländer; alte Heilpflanze der Antike und der Klostergärten.
Wuchs: Niedrige, verholzende Sträucher, graugrüne schmale Blätter, lila Blütenähren an langen Stielen.
Kultur: Ab März im Warmen aussäen, ab Mai vorgezogene Stauden im Garten auspflanzen mit 40–50 cm Abstand. Lavendel liebt durchlässigen, kalkhaltigen Boden und trockene Standorte. Nach der Blüte leicht zurückschneiden. Schön für niedrige Hecken.
Ernte: Frische Blätter und Blüten den ganzen Sommer; zum Trocknen Blütenähren mit Stängeln schneiden.
Verwendung: Blätter würzen Fisch, Geflügel, Soßen und Suppen; Blüten für Tee verwenden. Lavendel wirkt entspannend, krampflösend und nervenstärkend.

Arten/Sorten: Schopflavendel *(L. stoechas)* – purpurvioletter Blütenschopf; Provence-Lavendel *(Lavandula × intermedia)* – 'Bleu des Collines' – dunkellila; 'Alba' – weiße Blüte.

Liebstöckel

(Levisticum officinale)

↕ 150–200 cm ◯–◑ ✿ 7–8

Heimat: Iran, in Europa eingewandert; Bauerngarten-Gewürzkraut.

Wuchs: Hohe Stängel mit kräftigen rhombenförmig gefiederten Blättern, Dolden mit gelb-grünen Blüten, tiefreichende, starke Wurzeln.

Kultur: Von der stattlichen Staude reicht eine Pflanze; ab April auspflanzen; Liebstöckel liebt feuchten, nährstoffreichen Humus. Geben Sie ihm Kompost und Brennnessel-Jauche. Treibt im Frühling neu aus.

Ernte: Frische Blätter während des ganzen Sommers trocknen, bevor sie hart werden.

Verwendung: Die kräftige Würze des »Maggiekrautes« passt zu Suppen, Eintöpfen, Soßen und Fleisch. Tee aus getrockneten Wurzeln wirkt wassertreibend.

Sorten: 'Magnus' – Sorte mit einheitlichem Wuchs.

Melisse, Zitronenmelisse

(Melissa officinalis)

↕ 50–80 cm ◯ ✿ 7–8

Heimat: Vorderer Orient, Mittelmeerländer; altes Heilkraut der Antike und des Mittelalters.

Wuchs: Verzweigte, buschige Sträucher mit eiförmigen, gezähnten Blättern und weißen Lippenblüten.

Kultur: Ab April im Freiland aussäen; vorgezogene Jungpflanzen ab Mai in den Garten setzen, Abstand 30–40 cm. Melisse liebt humusreiche, durchlässige Böden. Geben Sie ihr reichlich Kompost. Im Frühling zurückschneiden. Sät sich leicht aus.

Ernte: Frische Blätter vom Frühling bis zum Herbst. Zum Trocknen die oberen Triebe vor der Blüte schneiden.

Verwendung: Das frische Zitronenaroma passt zu Salaten, Tomaten, Quark und Soßen. Melissen-Tee beruhigt gestresste Nerven und nervöse Herzbeschwerden.

Arten/Sorten: Goldmelisse 'All Gold' sowie 'Aurea' – goldgelbe Blätter; 'Variegata' – gelbbunte Blätter; Kretische Melisse (*M. officinalis* var. *altissima*) – balsamisch-fruchtiges Aroma.

Oregano, Dost

(Origanum vulgare)

 30–50 cm ○ ✿ 7–9

Heimat: Südeuropa, Kleinasien, Sibirien bis China.
Wuchs: Buschigverzweigt, eiförmige behaarte Blättchen, rosarote oder weiße Blüten in lockeren Trugdolden.
Kultur: Aussaat ab April möglich. Jungpflanzen April bis Mai mit 20–30 cm Abstand setzen. Liebt trockenen, durchlässigen Boden, anspruchslos; sät sich selber aus; im Frühling zurückschneiden.
Ernte: Blätter und Blüten vom Sommer bis zum Herbst. Zum Trocknen das ganze blühende Kraut schneiden.
Verwendung: Kräftige Würze zu Pizza, Tomaten, Käse, Fleisch und Suppen. Oregano-Tee ist wohltuend für den Magen.

Arten/Sorten: Zwergoregano 'Compactum' – buschig; Goldblättriger Oregano 'Aureum', Griechischer Oregano *(O. vulgare* subsp. *viridulum = O. heracleoticum)* – starkes Aroma, gut für Töpfe.

Pfefferminze

(Mentha × piperita)

 40–80 cm ○–◑ ✿ 6–9

Heimat: Europa, Vorderer Orient, Nordafrika und andere Kontinente, unterschiedliche Arten und Sorten.
Wuchs: Glatte, krause oder samtige Blätter in verschiedenen Farben und Formen; Scheinähren mit meist lilafarbigen Lippenblüten; Wurzelausläufer.
Kultur: Im Frühling Wurzelableger oder vorgezogene Jungpflanzen flach in feuchten, humusreichen Böden setzen. Das Kraut liebt lichten Schatten, wächst aber auch in der Sonne. Minzen wuchern! Bei Platzmangel besser in großen Töpfen halten.
Ernte: Frische Blätter vom Frühling bis zum Herbst. Zum Trocknen kurz vor der Blüte schneiden.
Verwendung: Apartes Aroma zu Soßen, Lamm und Desserts; Minzen-Tee wirkt wärmend und entkrampfend im Magen-Darmbereich.

Arten/Sorten: 'Chocolate' – Minzen-Schokoladen-Aroma; Nane-Minze *(M. spicata* var. *crispa)* – krause Blätter, für türkische Küche; Apfelminze *(M. rotundifolia)* – sanftes Aroma.

Pimpinelle, Kleiner Wiesenknopf

(Sanguisorba minor)

↕ 30–50 cm   ○–◑   ✿ 5–6

Heimat: Mitteleuropa und Teile Asien.
Wuchs: Niedrige, rosettenförmige Büsche mit gefiederten Blättern; an langen Stielen rot-grüne rundliche Blütenköpfchen.
Kultur: Ab März ins Freiland säen, auf 30 cm Abstand auslichten. Pimpinelle liebt trockenen, kalkhaltigen Boden, wächst aber auch in feuchter Erde, anspruchslos. Sät sich leicht aus; fast wintergrün.
Ernte: Junge zarte Blätter im Frühling; keine Konservierung.
Verwendung: Frisch-säuerlicher Geschmack, passt zu grüner Soße, Salat und Quark. Pimpinelle enthält Vitamin C.

Arten: Großer Wiesenknopf *(Sanguisorba officinalis)* – Wildkraut auf feuchten Wiesen.

Rosmarin

(Rosmarinus officinalis)

↕ 50–120 cm   ○   ✿ 3–6

Heimat: Rund um das Mittelmeer, berühmtes Heilkraut der Antike.
Wuchs: Verholzende Halbsträucher mit festen, nadelförmigen Blättern und lila-blauen Lippenblüten.
Kultur: Aussaat im Warmen; Jungpflanzen in Töpfe pikieren, später in größere Gefäße pflanzen; Rosmarin braucht viel Sonne, im Sommer Wasser und etwas Dünger; nicht frosthart! Kühl und hell im Haus überwintern. Im Frühling nach Bedarf umtopfen und schneiden.
Ernte: Frische Blätter jederzeit; getrockneter Rosmarin behält die intensive Würze.
Verwendung: Kräftige Würze zu italienischen Gerichten, Tomaten, Fleisch und Käse. Rosmarin-Tee stärkt Herz und Nerven.

Sorten: 'Blauer Toskaner' – große Blätter, dunkelblaue Blüten; 'Rex' – starkwüchsig; 'Veitshöchheim' – verträgt bis −20 °C auf durchlässigem Boden; 'Boule' – kriechende Sorte, robust und kältetolerant.

Salbei

(Salvia officinalis)

 30–70 cm   ○   6–7

Heimat: Mittelmeerländer; Heilkraut seit der Antike.
Wuchs: Verholzende Halbsträucher mit graugrünen länglichen Blättern und lila-blauen Lippenblüten, die Schein-quirle bilden.
Kultur: Ab März im Warmen aussäen; im Mai Jungpflanzen mit 30–40 cm Abstand in den Garten setzen. Salbei braucht viel Sonne und kalkhaltige, durchlässige Erde. Wintergrün, im Frühling vorsichtig zurückschneiden.
Ernte: Frische Blätter zu jeder Zeit. Zum Trocknen Triebspitzen vor der Blüte schneiden.
Verwendung: Die etwas strenge Würze passt zu italienischen Gemüse- und Fleischgerichten, zu Tomaten und Suppen; Salbei-Tee hilft bei Halsschmerzen und Schweißausbrüchen.

Sorten: 'Blauer Toskaner' – große Blätter, dunkelblaue Blüten; 'Rex' – starkwachsende Auslese; Kriechender Rosmarin 'Repandus' – breitwachsend, gut für Kübel.

Sauerampfer

(Rumex rugosus)

30–80 cm   ○–◑   5–7

Heimat: Europa; im Mittelalter sehr geschätzt.
Wuchs: Große pfeilförmige Blätter, die dichte Büschel bilden; an hohen Stielen blühen ab Mai weiß-rosa Blütenrispen; tief reichende Wurzeln.
Kultur: Ab April ins Freiland säen, später auf 10–20 cm Abstand ausdünnen. Garten-Sauerampfer braucht feuchten Humus, geben Sie ihm Kompost und Hornspäne. Er gedeiht gut im Halbschatten, wächst aber auch in der Sonne. Treibt im Frühling neu aus.
Ernte: Frische Blätter vor der Blüte; keine Konservierung.
Verwendung: Die säuerlichen Blätter passen zu Salaten, Grü-ner Soße, Frühlingssuppen und Quark. Sauerampfer wirkt als blutreinigende Kur zusammen mit anderen Frühjahrskräutern.

Arten/Sorten: 'Profusion', 'Selektion' – blattreiche Züchtungen; Römischer Ampfer, Schildampfer *(R. scutatus)* – zitroniges Aroma; Blutampfer *(R. sanguineus)* – blutrot geäderte Blätter.

Schnittlauch

(Allium schoenoprasum)

↕ 20–30 cm   ◐–◑   ✿ 5–6

Heimat: Europa, Vorderasien bis Sibirien und China, eines der ältesten Gewürze.

Wuchs: Bildet ein dichtes Büschel röhrenförmiger Blätter (Schlotten), rötlich-lilafarbige rundliche Blütenstände.

Kultur: Ab April ins Freiland säen, später büschelweise mit 20 cm Abstand verpflanzen; Schnittlauch gedeiht gut in feuchtem, nahrhaftem Boden. Geben Sie ihm Kompost und etwas Brennnessel-Jauche.

Ernte: Frische Schlotten vor allem im Frühling, aber auch im Sommer. Die Blüten sind essbar. Keine Konservierung.

Verwendung: Der würzig-zwiebelige Geschmack passt zu Rührei, Quark, Salaten, Suppen und Soßen. Schnittlauch regt die Verdauung an.

Arten/Sorten: 'Forescate' – lilarote Blüten; Schnittknoblauch *(A. tuberosum)* – flache Halme, weiße Blüte; Sibirischer Schnittlauch *(A. schoenoprasum* var. *sibiricum)* – statt Blüten Brutzwiebeln.

Thymian

(Thymus vulgaris)

↕ 10–40 cm   ○   ✿ 6–8

Heimat: Mittelmeerländer, uraltes schon in der Antike geschätztes Heil- und Würzkraut.

Wuchs: Niedrige, verholzende Sträucher mit kleinen, schmalen Blättern, hell-lilafarbigen oder rosa Blüten in Scheinquirlen.

Kultur: Aussaat ab März im Warmen; vorgezogene Pflanzen ab Mai mit 20 cm Abstand in den Garten setzen. Thymian liebt warme, trockene Plätze; kein Dünger! Wintergrün, im Frühling vorsichtig zurückschneiden.

Ernte: Frische Zweige jederzeit; zum Trocknen kurz vor der Blüte schneiden.

Verwendung: Die herbe Würze passt zu Fleisch, Eintöpfen und südländischen Gerichten; Thymian-Tee lindert Husten.

Arten/Sorten: 'Deutsche Auslese' – robust und ertragreich; Französischer Thymian – feines Aroma, nicht so winterhart; Zitronenthymian *(Th. × citriodorus)* – Zitronenaroma.

Winterheckezwiebel

(Allium fistulosum)

↕ 30–40 cm   ◐–◑   ❀ 6–8

Heimat: Sibirien und China; schon im Mittelalter in Europa.
Wuchs: Immer dichter wachsender Busch aus dicken Röhrenblättern (Schlotten); nur ganz schmale zwiebelähnliche Verdickung; kugelige Blütenstände mit weiß-grünen Blütchen.
Kultur: Aussaat ab April ins Freiland oder vorgezogene Pflanzen mit 20 cm Abstand setzen. Winterheckezwiebel liebt feuchten Humus, ist aber anspruchslos. Fast wintergrün; Teilung gut möglich.
Ernte: Fast das ganze Jahr frische Schlotten, Pause ist nur bei strengem Frost.
Verwendung: Die schnittlauchähnliche Würze schmeckt gut zu Salaten, Quark und Suppen. Die Röhrenblätter enthalten Vitamin C.

Sorten: Rotstielige Form aus Japan, zarter im Geschmack.

Ysop

(Hyssopus officinalis)

↕ 40–60 cm   ◯   ❀ 7–8

Heimat: Südeuropa, Vorderasien, Nordafrika; altes Heilkraut.
Wuchs: Kleine verholzende Sträucher, schmale lanzettförmige Blätter, Scheinähren mit blauen Lippenblüten.
Kultur: Ab März im Warmen aussäen oder Jungpflanzen kaufen. Im Mai mit 30–40 cm Abstand in den Garten setzen. Ysop liebt lockeren, trockenen Boden, etwas Kalk und viel Sonne. Im Frühling vorsichtig zurückschneiden.
Ernte: Frische Blättchen vom Frühling bis zum Herbst; zum Trocknen während der Blüte schneiden.
Verwendung: Aparte Würze zu Salaten, Soßen, Suppen und Fleisch; Ysop-Tee beruhigt den Magen.

Sorten: 'Rosea' – rosablühende Auslese; 'Alba' – weiße Blüten.

BEZUGSQUELLEN

Spezialgärtnereien für Kräuter und Duftpflanzen

Kräuter-Simon
Strengweg 1
Steens-Hallig-Hof
25842 Efkebüll
www.kraeuter-simon.com
(Bioland-Gärtnerei, Küchen-,
Duft- und Heilkräuter, viele
Thymiane)

Kräuterei
Silvia Heinrich
Alexanderstr. 29
26121 Oldenburg
www.kraeuterei.de
(Bioland-Gärtnerei, Kräuter,
Duftblattgeranien, Stauden)

Rühlemann's
Kräuter & Duftpflanzen
Auf dem Berg 2
27367 Horsted
www.ruehlemanns.de
(Riesenauswahl heimischer
und internationaler Kräuter-
Spezialitäten)

herb's
Bioland Gärtnerei
Stedinger Weg 16
27801 Nuttel
www.herb-s.de
(viele Spezialitäten, großes
Minzensortiment)

Magic Garden-Seeds
Moritzstr. 1
34127 Kassel
www.magic-garden-seeds.de
(Heil- und Zauberpflanzen,
ethno-botanische Raritäten)

Kräuterey Lützel
Im stillen Winkel 5
57271 Hilchenbach-Lützel
(Bioland-Gärtnerei, große
Auswahl von Küchen-, Duft-
und Heilkräutern, Raritäten)
www.kraeuterey.de

Blauetikett-Bornträger GmbH
Postfach 30
67591 Offstein
www.blauetikett.de
(Gewürz-, Heil- und Wildkräuter)

R. Wiedemann
Heilpflanzenanbau
Ditzenbacher Str. 22
73312 Geislingen-Aufhausen
(Spezialität: Duftblattgeranien,
Pfefferminz- und Salbei-
Sortiment)

Reinhold Krämer
Waldstetter Gasse 4
73525 Schwäbisch-Gmünd
www.zwiebelgarten.de
(Saatgut von Kräuter- und
Duftpflanzen-Spezialitäten)

Syringa-Versand
B. Dittrich
Postfach 1147
78245 Hilzingen
www.syringa-samen.de
(Spezialität: Duftpflanzen,
z. T. seltene Gewürzkräuter,
Samen und Pflanzen)

Wolfhart Lau
Hof Berg-Garten
Lindenweg 17
79737 Großherrischwand
www.hof-berggarten.de
(Samen und Pflanzen von
Heil- und Wildkräutern)

Blumenschule
Rainer Engler & Sabine Friesch
Naturlandbetrieb
Augsburger Str. 62
86956 Schongau
www.blumenschule.de
(Viele Spezialitäten, reiche
Auswahl von Minzen, Salbei
und Basilikum)

Dieter Gaißmayer
Staudengärtnerei
Jungviehweide 3
89257 Illertissen
www.gaissmayer.de
(Duft- und Aromapflanzen,
Zauberkräuter, großes
Minzensortiment)

Raritätengärtnerei
Fam. Treml
Eckerstr. 32
93471 Arnbruck
www.pflanzentreml.de oder
www.kraeutertreml.de
(Kräuter, Gewürz-, Duft- und
Zauberpflanzen aus aller
Welt, großes Duftpelargonien-
Sortiment)

Österreich:
Gartenbau H. + H. Wagner
Gutendorf 36
A-8353 Kapfenstein
www.gartenbauwagner.at
(sehr großes Kräuter- und
Duftpflanzen-Sortiment mit
vielen Spezialitäten)

Biologische Dünge- und Pflanzenschutzmittel

Snoek GmbH
Tannenweg 10
Mulmshorn
27356 Rotenburg (Wümme)
www.snoek-naturprodukte.de

W. Neudorff GmbH KG
Postfach 1209
31857 Emmerthal
www.neudorff.de
(Im örtlichen Fachhandel)

Keller GmbH & Co. KG
Biogarten und Gesundheit
Konradstr. 17
79100 Freiburg i. Br.
www.biokeller.de

Oscorna Dünger
GmbH & Co
Postfach 4267
89032 Ulm
www.oscorna.de
(Im örtlichen Fachhandel)

Österreich:
IKOSAN
Ignaz Gleichenthal
Gleichenthalstr. 18
A-1233 Wien/Erlaa
www.gleichentheil.at

Bio-Furtner
Hauptstr. 5
A-3031 Rekawinkel
www.biofurtner.com

Bio-Terra
Johann Loidhold
Fohregg 1
A-3244 Ruprechtshofen
www.bioterra.at

Schweiz:
Andermatt Biocontrol
Stahlermatten 6
CH-6146 Grossdietwil
www.biocontrol.ch

STICHWORTVERZEICHNIS

Über die Autorin

Marie-Luise Kreuter lernte schon als Kind im elterlichen Garten den Umgang mit Zier- und Nutzpflanzen. Nach ihrem Ethnologie-Studium absolvierte sie beim SWF eine Journalismus-Ausbildung und spezialisierte sich bald auf gärtnerische Themen. Es entstanden zahlreiche Bücher, Artikel sowie Rundfunk- und Fernsehsendungen. 1981 legte sie im Oberbergischen Land einen öffentlichen Bio-Bauerngarten an, der auch als Lehrgarten diente. Im gleichen Jahr erschien auch die 1. Auflage ihres Werkes »Der Biogarten«, der mittlerweile zum Bestseller avancierte und nunmehr in der 25. Auflage vorliegt. 1985 begleitete Marie-Luise Kreuter als Fachberaterin und Autorin den Start der Zeitschrift *kraut & rüben*, die sie viele Jahre als Herausgeberin betreute. Als »die« Biogärtnerin der Nation verfasste sie viele Bücher und zahllose Zeitschriftenartikel.

Impressum

Bibliografische Information der Deutschen Nationalbibliothek

Die Deutsche Nationalbibliothek verzeichnet diese Publikation in der Deutschen Nationalbibliografie; detaillierte bibliografische Daten sind im Internet über http://dnb.d-nb.de abrufbar.

BLV Buchverlag GmbH & Co. KG
80797 München

© 2015 BLV Buchverlag GmbH & Co. KG, München

Hinweis
Das vorliegende Buch wurde sorgfältig erarbeitet. Dennoch erfolgen alle Angaben ohne Gewähr. Weder Autorin noch Verlag können für eventuelle Nachteile oder Schäden, die aus den im Buch vorgestellten Informationen resultieren, eine Haftung übernehmen.

www.facebook.com/blv.verlag

Bildnachweis:

Borstell: 2/3, 4l, 5l, 5r, 6, 7, 9u, 12u, 13, 15u, 16o, 16u, 18, 19, 23, 24r, 26, 27o, 28, 29, 31, 34, 37, 44, 45, 47, 48o, 53, 56, 58, 59u, 60, 61, 63, 64, 71o, 71u, 72, 73, 79l, 79r, 81l, 85r, 87l, 89l, 90r, 91l; Flora Press/The Garden Collection/Nicola Stocken Tomkins: 8; Flora Press/Otmar Diez: 35, 78l; GBA/Noun: 30, 36l, 46; Kreuter: 10o, 15o; Krieg: 67r, 70; Pforr: 88l; Redeleit: 20, 24l, 39l, 39r, 77r; Reinhard: 4r, 10l, 12r, 14, 17, 22l, 27o, 38, 40, 41, 42, 50, 67o, 74l, 74r, 75l, 76l, 78r, 82r, 84r, 86l, 89r, 91r; Ruckszio: 21, 76r, 77l, 80l, 81r, 83l; Salomon: 11; Schüffler-Rohde: 82l; Seidl: 75r, 80r, 84l, 85l, 86r, 88r, 90l; Strauß: 9o, 25, 36r, 43, 48l, 48r, 49, 57, 59l, 62, 65, 68, 69, 79r/Einkl., 83r, 87r; Sulzberger: 22r

Illustrationen: Sylvia Bespaluk

Danksagung: Wir danken der Firma Nebelung, Kiepenkerl-Pflanzenzüchtung in 48351 Everswinkel, für die freundliche Unterstützung bei der Fotografie einiger Motive für dieses Buch.

Umschlagfotos: Flora Press/MAP (vorne); Borstell (hinten links und Mitte), Krieg (hinten rechts)

Programmleitung Garten: Dr. Thomas Hagen
Lektorat: Rita Meixner
Herstellung: Hermann Maxant
Layoutkonzeption und Layout: Anton Walter, Gundelfingen

Gedruckt auf chlorfrei gebleichtem Papier

Printed in Slovakia

ISBN 978-3-8354-1355-9

Juli

Mit dem Hochsommer erreicht auch der Kräutergarten seinen Höhepunkt. Es blüht und duftet in Hülle und Fülle. Frische Blätter können Sie von allen Gewürzkräutern pflücken. Reif zum Ernten und Konservieren sind jetzt die Kräuter, die in voller Blüte geschnitten werden: **Johanniskraut, Kamille, Ringelblumen, Oregano** und **Bohnenkraut.** Vor der Blüte schneiden Sie **Pfefferminze, Zitronenmelisse** und **Estragon** zum Trocknen. **Majoran** ernten Sie am besten, wenn die kugeligen Blütenstände noch geschlossen sind.

Die Blüten von **Kapuzinerkresse, Ringelblumen, Borretsch, Schnittlauch** und **Rucola** eignen sich als wohlschmeckende Dekoration für Salate. Verblühte **Lavendel**stauden werden leicht zurückgeschnitten.

Im Topfgarten dürfen Sie bei Sommerhitze das Gießen nicht vergessen! Auf den Beeten wird gemulcht. Stark wachsende Kräuter bekommen noch einmal eine Hand voll frischen Kompost oder guten käuflichen Humus. Welke Blätter und Samenstände werden entfernt. Gegen Blattläuse helfen Spritzbrühen aus Wermut oder Rainfarn.

Säen Sie jetzt die zweijährigen Kräuter wie **Petersilie, Winterportulak** und **Kümmel** frisch aus.

August

Noch immer ist Erntezeit. Von **Salbei** und **Thymian** reift der zweite Schnitt heran. Schneiden Sie **Pfefferminze, Zitronenmelisse, Estragon, Oregano, Bohnenkraut, Eberraute, Ysop** und **Liebstöckel,** solange der Vorrat reicht. Sie können Ihre Kräuter trocknen oder in Essig und Öl einlegen.

Beim **Beifuß** müssen Sie darauf achten, dass die Blüten noch in geschlossenen Knospen versteckt sind, wenn Sie die oberen Triebspitzen der Stauden zum Trocknen schneiden.

Sobald die Samenkörner des **Teefenchels** sich bräunlich färben, werden die ersten Dolden geschnitten. Die Ernte erstreckt sich über mehrere Wochen.

Aus den Blättern der **Duftblattgeranien** können Sie erfrischende Sommertees zubereiten.

Die Kräuter im Garten vertragen ein paar Tage Trockenheit ohne Probleme; den Topfgarten müssen Sie bei sommerlicher Hitze täglich gießen!

Petersilie, Winterportulak und **Kümmel** können noch ausgesät werden. Sie sind winterhart. Auch eine letzte Aussaat von rasch wachsendem **Rucola** lohnt sich noch.

September

Nun neigt sich das Gartenjahr dem Ende entgegen. Zum Beginn des Monats können Sie noch die winterharte, robuste **Petersilie** aussäen. Dieses Kraut gedeiht auch gut in einem um diese Zeit oft ungenutzten Frühbeet. Erntereif werden jetzt vor allem die Samenkörner von **Teefenchel, Kümmel** und **Dill.** Die Dolden müssen rechtzeitig geschnitten werden, bevor die braunen Körner von selbst ausfallen. In diesem Monat können Sie auch einige **Baldrian**wurzeln ausgraben und trocknen. **Ringelblumen** und **Kapuzinerkresse** verschenken noch immer ihre Blüten. Würzige Blätter für die Küche können Sie von **Basilikum, Salbei, Thymian, Ysop, Eberraute, Agastache, Zitronenmelisse, Estragon, Borretsch, Rucola** und vielen anderen Kräutern frisch ernten. Bei günstiger Witterung – wenn der September warm und sonnig ist – wachsen bei **Zitronenmelisse** und **Pfefferminze** noch genügend frische Blatttriebe nach, die sich zum Trocknen eignen.

Wo der Kräutergarten noch Lücken aufweist, können Sie jetzt vorgezogene Stauden pflanzen.